做有智慧的班主任

班主任讲述自己的反思与智慧

主编　李楠　　副主编　李志远

ZUO YOU ZHIHUI DE BANZHUREN

BANZHUREN JIANGSHU ZIJI DE FANSI YU ZHIHUI

江蘇鳳凰教育出版社
Phoenix Education Publishing, Ltd

图书在版编目（CIP）数据

做有智慧的班主任：班主任讲述自己的反思与智慧 / 李楠主编. —南京：江苏凤凰教育出版社，2018. 6

ISBN 978-7-5499-7443-6

Ⅰ. ①做… Ⅱ. ①李… Ⅲ. ①班主任工作—研究 Ⅳ. ①G451. 6

中国版本图书馆 CIP 数据核字（2018）第 133167 号

书　　名 做有智慧的班主任——班主任讲述自己的反思与智慧
作　　者 李　楠　李志远
责任编辑 雷利军　任占弟
封面设计 天之赋设计室
出版发行 江苏凤凰教育出版社（南京市湖南路 1 号 A 楼　邮编 210009）
苏教网址 http：//www. 1088. com. cn
照　　排 北京世纪鸿文制版技术有限公司
印　　刷 三河市九洲财鑫印刷有限公司
厂　　址 河北省三河市灵山大口
开　　本 787 毫米×1092 毫米　1/16
印　　张 14. 5
字　　数 188 千字
版　　次 2018 年 11 月第 1 版　2018 年 11 月第 1 次印刷
书　　号 ISBN 978-7-5499-7443-6
定　　价 35. 00 元
网店地址 http：//jsfhjycbs. tmall. com
邮购电话 025-85406265，85400774　短信　02585420909
E - mail　jsep@vip. 163. com
盗版举报 025-83658579

序 言

让“德育”传续美好人性

2017年初，作为深圳市教育局派出的首批班主任海培班成员，我有幸在英国体验了两个月的异域学习和生活。回国后，我不止一次地被身边的同事、友人问及同一个话题：中国和英国的德育有什么不同?这真是个复杂的问题，它涉及历史、政治、经济、文化和教育等诸多因素。于是，我选择了这样一个听来的故事和大家分享。

一对在英国爱丁堡工作了一辈子的退休老夫妇准备卖了房到西班牙去养老，因为英国四面环海，气候潮湿，老人易患风湿病。老夫妇在西班牙看中了房子，两周内必须付款，于是在爱丁堡的房屋中介所挂了房子说是“急售”。一对年轻的中国夫妇刚在这个城市找了工作，孩子要上学，急着买房，看了中介挂出的房屋照片和价格，怦然心动——无论是地段还是房屋的品质都是他们希望的那样。

这对中国夫妇注意到了“房屋急售”的字样，就问：“可以优惠吗?”老夫妇想着西班牙已经定好并急着要付款的房屋，说：“可以。”于是，房价被砍了第一刀。这对中国夫妇觉得还有戏，在签购房合同的前两天，突然说这个价格还不能接受，不买了，除非价格上再降一个较大的幅度。没有想到，老夫妇居然同意了！这对中国夫妇大喜过望，相当于以“白菜价”买了幢好房子，可以拎包入住。

搬家那天，很多朋友来帮忙。走进院中，绿草如茵，鲜花盛开，就像主人没有离开似的。推开房门，这对中国夫妇几乎不敢相信自己的眼睛，房子一尘不染，窗明几净，桌子上有鲜花，花瓶下压着一张纸条，上面写着：“非常欢迎你们入住这座记录了我们几十年幸福生活的房子！希望你们接下来的生活和我们一样幸福安康！”走进厨房，打开冰箱，里面吃的喝的都有，冰箱贴也压着纸条，说：“冰箱里给你们准备了一周的食物，超市要开车出门左拐再左拐，大约20多分钟可以到达。”

这对中国夫妇开始发蒙了，房子有这样卖的吗？再看电表箱上也有字条，上面写着：“我们已经给你们预留了至少一个月的电费，这段时间你们可以办理相关更名手续。”在英国，办理这类手续是非常麻烦的。

这对中国夫妇彻底蒙了！“成人之美”与“趁人之危”、“锦上添花”与“落井下石”，这些概念一时搅得他们目瞪口呆、手足无措。这时的他们，已经全然没有了乔迁之喜。

每次提起故事当中的这对年轻夫妇，我都在内心深处沉痛地反思：如果个人欲望的解放与张扬占据了现代文明精神的主题，金钱与功利成为唯一的需求，那么我们人性当中的一些美好品质必将日渐消失，更重要的是，整个社会文化高地、精神高地存在的意愿与意义将不复存在。

作为德育工作者，我们有必要追问：“什么是应有的生活？”“什么是更美好的生活？”

世间没有哪一个人是完美的，也没有哪一个人的生活是完美的，但我们相信精神的高贵、心灵的丰盈是存在的，人性当中的种种美好品质是能通过教育涵养而形成的。

德育，说到底就是对人类完美德性的允诺。做德育，说到底，就是要将美好人性的传续作为终生的职业信仰。如果有一天，我们不仅能够将人性当中的种种美好品质根植进下一代人的成长需要里，更能检验于每一个中国人的言谈举止中，或许我们与发达国家之间的距离就不会太大了！

李　楠

目 录

让注意力缺陷学生发展得更好

——用爱温暖和接纳学生

深圳市福田区黄埔学校　魏颖

案例呈现

2010年，我担任一年级班主任。开学还不到3天，与众不同的小林就令我焦头烂额了。他会莫名地在课堂上发笑、行走，他会把铅笔杆咬得粉碎，他会用一根绳子紧紧地缠住自己的脖子……最令我束手无策的是，在任何时间、任何场合的交谈中，他永远是特立独行、眼神游离的模样。

家访时，我才知道他父母早已发现小林异于常人的行为，并将一张“注意力缺陷”的诊断书递到了我手上。“医生建议”一栏赫然写着：家校共同干预，鼓励支持孩子，加强沟通理解，促进亲子关系。从小林父母泛着泪花的眼睛中，我分明看到了无助和绝望。也就在那一刻，我清晰地意识到：如果连我也放弃小林，这个孩子连同他的家庭将从此看不到一丝光亮！

接下来的时间里，我跑遍了各大书店，将与“注意力缺陷”相关的书一本本带回家，甚至借助多方关系走访了医学、心理学的专业人士。我的全情投入引来了同事们的注意，大家戏称我为“江湖医生”，并问我是否找到了治愈小林的良方，我笑答曰：“动静结合！”

心理学家倡导一种叫作满怀兴趣学习的方法，严重的注意力不集中，往往需要进行感觉统合训练。我这里的所谓的“动静结合”，“动”

就是跳绳，在锻炼小林肢体协调能力的同时，增强他对肢体的控制能力；所谓的“静”，则是绘画，在尊重小林兴趣的基础上，培养他的专注力。

然而，接下来的情形远非想象中那样顺利. 小林拒绝我精心设计的任何跳绳形式，比赛跳、小组跳、集体跳……他一律避之唯恐不及，只有在我的陪伴下，他才愿意尝试。在长达一学期和小林一起挥汗如雨的训练中，小林的变化看在了每个人的眼里：他运动时的神情越来越放松，四肢越来越协调，动作也越来越轻盈。虽然与其他同学相比，他只是成绩平平，但在运动会前，同学们一致推选他代表班级参加跳绳比赛，并一起为他呐喊、助威。在一浪高过一浪的加油声中，小林跳出了一分钟 95 次的好成绩。虽然与奖牌失之交臂，但在全班同学的心目中，他就是冠军。

作为奖励，我送了一套国画用品给小林，不着痕迹地开始实施“静”的干预策略。当小林轻笔细描的时候，我就在一旁研墨调色；当小林小心翼翼地着色晕染的时候，我或是轻声建议，或是真诚夸赞；当小林想让作品呈现飘雪的效果时，我们共同想办法，最终用盐将效果完美呈现出来……小林的脸上日渐浮现出笑容和自信。课堂上的小林更像换了一个人似的，听课认真了，有时竟也能举手发言了。我知道，我所有的付出都得到了回报。

自此之后，小林获奖的喜讯不断。最令人振奋、激动的是，深圳市第 26 届世界大学生夏季运动会，在送给国外运动员的礼物当中，就有小林绘制的团扇。毕业典礼的那天早上，他将特别为我制作的一把团扇送给了我。

如今，每当我拿起那把团扇，都会不由得想起小林，想起那些令我振奋的岁月。小林和他的父母对我感谢的话至今萦绕在我耳边，而我却要说：小林，感谢有你！是你让我成长为更加美好的自己。

问题与对策

苏联著名教育学家苏霍姆林斯基曾这样感叹：“从我手里经过的学生成千上万，奇怪的是，留给我印象最深的并不是无可挑剔的模范生，而是别具特点、与众不同的孩子。”对于这样一个“与众不同”的特殊群体，教师唯有将浓浓的爱给予他们，才能让这些迟开的“花朵”沐浴阳光雨露，健康成长。

1. 用爱去接纳学生

学生来自不同的家庭，先天遗传及后天环境都不相同，他们在学校里的表现自然也会有很大差异。教师应深刻认识到这一点，用心接纳每一个学生，不管他是聪明还是驽钝，整洁还是邋遢，乖巧还是淘气。教师唯有用爱心接纳学生，才能把上课当作一种享受，使学生在快乐中学习。没有爱就没有教育。试想，每当你看到学生，尤其是一些问题学生时，从你的心里涌出来的不是浓浓的爱意，而是厌烦，理都不想理，你又如何教育他？其实，越是有问题的学生，越需要爱的滋润，让他们的心有所触动。做教师这么多年，我深深地感到用爱心接纳每个学生是多么重要。

2. 用爱去赏识学生

美国心理学家威廉·詹姆斯说：“人性中最深切的禀质，是被人赏识的渴望。”所以一线教师要善于转变角色，用包容的心态去欣赏来自不同家庭的有个性的学生。赏识评价作为新课程倡导的评价方式，被越来越多的教师所重视。在课堂教学中，根据实际情况赏识评价学生，更能起到提高学生学习兴趣、充分调动和激发学生学习积极性的效果。因为有了赏识的积累，生命始终处于和谐愉快的状态，即使在困苦中也能看见希望，不会被困难压倒。精神生命一旦觉醒、成长，学生就会主动开创自己的人生之路，迸发出灿烂的光芒。

3. 用爱去激励学生

有人说："激励是所有人，尤其是青少年奋发向上的原动力。激励能使懦弱变得坚强，能使自卑变为自尊、自信、自强，能使消沉变为激昂向上，能使落伍变为进步，能使失败变为成功。"对每一个学生来说，自信心如同一对翅膀，能让他飞得更高更快。而教师激励学生，就是激发学生的自信心，使其更自觉地、更好地学习并发展自己，正如帮学生找到了这对翅膀。当学生面露难色的时候，教师耐心的陪伴和激励的语言，如"这点困难算不了什么""你是个很勇敢的孩子""这点困难你能克服，一定能"，等等，犹如及时擦亮的火柴，可让学生在黑暗中找到光明。

感悟与反思

教育家魏书生曾说，教师应具备进入学生心灵的本领。育人也要育心。只有走进孩子心灵世界的教育，才能引发孩子心灵深处的共鸣。教师要善于捕捉细微处，洞察学生内心的想法。当学生感受到教师的理解与关爱的时候，那也是学生主动拉近彼此心理距离的开始。

对于小林来说，批评已经是家常便饭，"我就是个坏孩子"的想法已慢慢根植于他的脑海中。像小林这样的孩子很容易有"破罐子破摔"的想法，形成不管做什么、怎么做都会犯错误、挨批评的思维定式。所以，作为教师的我首先要给予他一份宽容，接纳不完美的他。

每个人都希望得到他人的肯定，以体现自身的价值，孩子自然也不例外。当我们不断地就某个问题批评一个孩子的时候，就会发现，这个孩子的缺点会不断地蔓延，甚至一些原本良好的行为习惯也会随之改变。作为教师，我们需要懂得尊重学生的个性差异。小林是一个好动的孩子，在长期的批评声中，他渐渐变成了一个不肯听话的孩子。表面上看，他一脸的无所谓，其实，这样的孩子，内心往往是最渴求他人的尊重和赞赏的。教师适时的肯定与赞美，会增强孩子的自信心。作为班主任，千万不能因为某些学生在某些方面表现不佳而一票否决，从而使他们的“闪光点”也被泯灭。金子要有阳光的照耀才会反射出耀眼的光芒，问题学生更需要教师为其创造表现的机会，他们的“闪光点”才会被人发现、赞赏。

因此，教师在与学生的交往中，不仅要给予学生更多的语言表扬，还要用微笑、注视、点头、肯定等表情、手势以及关怀性的接触等方式进行鼓励，以使学生感受到教师对自己的尊重与关注，逐步树立自信心，进而达到自我要求、自我完善的目的。

孩子的思想虽还不成熟，但他们也是一个个独立的生命个体，他们不满足于被爱、被保护，他们更渴求一种尊重和理解，而这种尊重和理解必须以爱为基石。因为教师只有心中有了爱，才能真正走进学生的内心，寻找到切实有效的沟通方式，以有效的策略，逐步纠正学生不良的行为习惯。教师要耐心诚恳，动之以情，晓之以理，循循善诱，结合他们的切身利益，激发他们积极向上的信心；要善于发现学生的兴趣和特长，扬长避短，引导他们发展特长，当他们获得成就感之后，再把他们的兴趣转移到学习上来；要让学生感受到集体的温暖，使他们在集体的怀抱中快乐健康地成长。

当然，教育从来就不是一蹴而就的事。但我相信，只要怀揣着教育的梦想，不吝师爱，让自己化身为一个欣赏者，总会能看到成功的！

静静守护，静待花开

——如何教育“刺儿头”学生

深圳市福田区红岭教育集团高中部　刘雪艳

案例呈现

一个星期二的晚上，我连续上了三节晚自习课，刚拖着疲惫的身体回到办公室，还没来得及喝口水，就接到生活区翁老师打来的电话：“刘老师，你们班依然的奶奶来了，在宿舍里大吵大闹，你快来看看吧！”隔着电话，我都能感觉到翁老师的慌乱与急促。一放下电话，我就往宿舍跑。依然刚刚因为在宿舍违规使用手机被停宿了，他奶奶来干什么？一想到这个孩子，我就头痛，开学不到一个月，几乎所有的老师都投诉过他，迟到、上课睡觉、在自习课上讲话、熄灯后玩手机……是个屡教不改的“小刺儿头”。

我赶到宿舍的时候，那场面真是一片混乱，依然的奶奶拉着翁老师的胳膊，嘴里絮絮叨叨的在说着什么，大致的意思就是绝对不能让她孙子停宿，周围几个生活老师也劝不住。翁老师一看见我，立刻像抓住救命稻草一样，喊着“班主任来了”。依然的奶奶听到后，放开了翁老师，转而冲到我面前，拉着我的手：“老师啊，不能让他停宿啊，他爸爸不在家，没有人接送他。”“依然奶奶，依然在宿舍违规使用手机，按规定要停宿一周的！”“可是他爸爸不在家，没有人接送他！”“停宿本来就是对学生本人的惩罚，要让他自己走读，不要家长接送！”“那这么晚了，出了什么事情谁来负责！”“依然奶奶，学校的规定对所有的学生都是一视同仁的，他要对自己的行为负责!”“什么规定不规定的，不就是一个宿舍吗，还那么多规定!”依然奶奶的话越说越难听，手指戳戳点点的都快碰到我的鼻子了：“我跟你讲，要不是为了我的孙子，我这么大年龄会这么晚跑到学校来吗？还什么规定!”可能是又累又急吧，虽然我一直强忍着，但最终没忍住，说了一句：“你不要以为我好欺负，你再这样闹，我可以让学校处分他的!”“处分就处分，有什么了不起，你以为你是谁啊!”

我被她紧紧拉着，动也不敢动，生怕一用力，她就会摔倒。看着她青筋暴露、满脸通红的样子，我突然意识到，是我把她逼得如此歇斯底里，而我自己也被逼得窘态毕露，不然怎么连恐吓的话都说出来了呢。想到这里，我赶紧闭了嘴，理智也慢慢地回来了。我对生活老师说：“你们先去忙吧，这件事我来处理。”然后带着依然的奶奶来到办公室，给她倒了杯水，语气尽可能缓和地问道：“您这么晚是怎么来的？学校里到处都在施工，如果摔倒了怎么办?”因为环境的改变和围观人的撤退，依然的奶奶虽然什么也没说，但是我能感觉到她的气势已经去了一半了。“依然奶奶，学校的规定是所有人都要遵守的，不能因为一个学生而改变，但是您疼爱孙子的心情我能理解。如果您真的不放心，那我就带他去住教师宿舍，我来看着他，您看行吗？只是我的女儿才 3 岁，晚上睡觉离不开妈妈，我现在打电话让奶奶把她送来。”我一边假装站起来找手机，一边又自言自语：“奶奶带孩子已经辛苦一天了，本来晚上应该歇一歇的。”依然的奶奶听到后，愣了一下，小声说道：“是啊，带大一个孩子不容易的。”我一听她的态度缓和了，赶紧拉着她的手，与她聊起来。原来依然很小的时候爸爸妈妈就离婚了，是奶奶一手把他带大的，奶奶心疼他没有妈妈，十分溺爱他，从不约束和管教他。依然的爸爸在菜市街卖水产品，每天为了一家的生计辛苦忙碌，没有时间管他，有老师投诉多了，就抓过来打一顿。我一边静静地听着，一边不停地点头表示理解和赞同。那晚，依然的奶奶说了很多很多，我也说了很多很多，最终她还是听了我的劝，让依然接受惩罚，走读一周。

送走依然的奶奶后，我陷入深深的自责中，为什么我没有早一些了解这个学生的家庭情况？面对这样一个缺少爱与正确引导的孩子，我所有的无奈都转变为心疼。在他又一次因为没有戴校徽而被扣分的时候，我把他叫到办公室，什么也没说，拿出针线，认认真真地帮他把校徽缝在了校服上。那一次，我什么也没有说，是因为真的心疼这个孩子，他也什么都没说，也许他是感到意外吧，居然没有被批评。后来，我发现他很喜欢画漫画，就找到他："依然，你能帮我个忙吗？""什么忙？我能干什么？""我的女儿最近不太听话，我想通过讲故事的方式帮她养成好习惯，可是没有合适的故事素材，你可以帮我画吗？""哦，可以啊！"于是，我每周都会给他一个故事主题，然后拿着他的画给女儿讲故事。他总是很好奇地问我都给女儿讲了什么，于是我也会把故事讲一遍给他听。通过故事，我告诉他，把房间打扫整洁招待客人是一种礼貌，按时完成作业是一种责任，遵守学校的规章制度是一种习惯，熄灯后按时休息是学习的保障……就这样，不知不觉，我们的故事坚持了一年，在这一年里，他仍然会有这样那样的小问题，但是我发现，他开始交作业了，按规定穿校服了，上课睡觉的次数越来越少了……在他17岁生日的时候，我联系了幼儿园老师，将他一年里画的漫画在幼儿园办了一个小画展，并请他给小朋友们讲一个他最喜欢的故事。听着他声情并茂地讲着"从前，有个中学生，像个'小刺儿头'……"我知道，那个让我无限烦恼的"小刺儿头"不见了！

相信所有的老师都是这样做的吧，爱学生，用心去呵护他们的成长，在他们的身上倾注点点滴滴的爱，做一个有阳光味道的班主任，静静守护，静待花开。

问题与对策

苏联著名教育学家苏霍姆林斯基曾说：“在没有明智的家庭教育的地方，父母对孩子的爱只能使孩子畸形发展。”在我们的教育工作中，经常会发现一个“问题孩子”的背后会有一个问题严重的家庭。孩子身上的问题常常是家庭“恶劣的环境”的直接表现，如单亲家庭、留守儿童家庭、父母因忙于事业而忽视孩子的教育、祖父母的溺爱与教育方式的简单粗暴等。帮助和转化这样的学生是令教师们感到头痛的事，通常会消耗教师大量的精力却不见得有起色，原因主要有两个：一是因为学生的不良习惯已经养成，很难改变；二是因为家庭教育的缺失抵消了学校教育的效果。本案例中的依然就是这种典型，单亲家庭、祖母溺爱、父亲忙于生计，教育方式简单粗暴，使得他在成长的过程中几乎没有接受过正确的引导和教育，养成了很多坏习惯。应对此类学生，班主任可以采取以下教育策略。

1. 及时了解学生家庭情况，建立特殊家庭学生档案

作为一名有经验的班主任，接手一个新的班级，首要任务是了解和熟悉班级学生的基本信息，为日后有的放矢地开展工作做好准备。建立学生基本信息登记表，是开学初班主任快速有效地了解学生的捷径之一，也是班主任要做的常规工作之一。做好它，有助于教师及时、快速、有效地了解并掌握学生的个人特点、兴趣爱好、成长经历和家庭情况，为家校联系打好基础。尤其是对一些来自特殊家庭的学生，更要做好分类整理，针对不同情况及时采取相应的帮扶措施，及时疏通辅导，并做好记录，以备跟踪。

2. 让每一个“问题学生”都成为你的“最爱”

苏联著名教育家赞科夫说过，“当教师必不可少的，甚至几乎是最主要的品质就是热爱儿童。”爱是人的一种基本需求，对于“问题学生”来说，更是一种心理寄托、一种内心渴望。作为班主任，我们要把爱放在首要位置，要让每个学生都相信，他是你的“最爱”，这样才能增进师生感情，产生情感共鸣，启迪学生心灵。“最爱”不是无原则的爱，班主任要做到不纵不溺，均衡施爱。首先是在爱中建立规则，用规则约束学生，让学生明白规则的重要性，明白不遵守规则是要受到处罚的。其次是用人文关怀去感化学生，要关注学生的兴趣，及时捕捉学生的“闪光点”，要让学生能够感知到教师的关爱。

3. 欣赏鼓励，因势利导，成为学生信赖的朋友

班主任要做到“眼中无问题，心中有问题”。很多“问题学生”都只是在行为习惯方面有问题，他们身上是有很多可以挖掘的“闪光点”的。作为班主任，我们要有一双善于发现美的眼睛，努力去发现学生的优点和长处，欣赏鼓励，因势利导，从而培养学生的自尊心和责任心，成为学生信赖的朋友。

感悟与反思

在多年的班主任工作中，像依然这样的学生我几乎每年都会遇到。如何对他们实施教育，我想光有敬业精神是不够的，还需要了解他们性格形成的原因和他们的生长环境才能“对症下药”。我最初在面对依然的一些小问题时，没有对他进行深入的了解，也没有及时与其家长联系，虽然每次谈话都以他如小鸡啄米般频频点头认错告终，但是我并没有走进他的生活以及内心。

魏书生曾讲过，真正的教育是从心与心的对话开始的，而心与心的交流又是从真诚的沟通开始的。只有了解学生的情况，理解他的思想和内心感受，小心翼翼地去触及他的心灵，真诚又不露痕迹地给予帮助，才能赢得他的信任，实施的教育才有效。

像依然这样的学生，自尊心很强，十分渴望得到老师的表扬和认同，但因为从小缺少正确的引导，学习基础差，成绩不好，感觉不到老师和同学们对他的关注，所以在班里总是表现得像个“小刺儿头”，以期通过这种“另类”的方式来获得关注，这也说明他是很需要教师的肯定与鼓励的。所以当我发现他喜欢绘画时，便以求助的方式鼓励他画画，想办法给他创造展示自己的机会，让他在绘画中懂得做人的道理。这对他来说是最好的帮助，也是最大的认可与鼓励。正是因为我对他的信任与鼓励，他学会了正确评价自己，赏识自己，荣誉感与责任心也大大增强。

当然，要成为一名优秀的班主任，还要关注教育理论，锤炼教育艺术，提高教育应变能力，不断积累教育智慧。班主任的教育智慧不是凭空而来的灵感，而是在琐碎的、日复一日、年复一年的日常工作中品出来、悟出来的。本案例中我面对突发状况采取的应对策略并不是事先全盘计划好的，而是一步一步地随机应变、见招拆招而来的，这种应变能力需要平时不断地积累与学习。不仅如此，还要做到学会管理自己的情绪，班主任在受到突然的语言攻击时，要能够控制好自己的情绪，设身处地地为对方着想，这样才能得到家长的认可与信任，而这是解决一切问题的基础。

苏霍姆林斯基说：“在每一个孩子心中最隐秘的一角，都有一根独特的琴弦，拨动它就会发出特有的音响，要使孩子的心同我讲的话发生共鸣，我自身就需要同孩子的心弦对准音调。”作为班主任，我们面对的是一群极具个性和活力的、与时代共同发展的学生，这需要我们在不断变化的环境中快速地调整、发展自己并与时俱进。同样的教育方法在不同的学生身上会产生迥异的教育效果，没有现成的经验可循，没有一成不变的规律，我们要做的就是爱学生，用心去对准每一个学生的心弦，让每一个学生都能精彩绽放！

“黄毛小子”来军训

——如何与青春期学生进行沟通

深圳市福田区福田中学　李元琳

案例呈现

“我不！我不！”

2017年8月25日下午，正在办公室查看军训日记的我，突然听到楼下有人在大叫。我心里“咯噔”一下，赶紧往楼下冲。楼下的空地上，一个胖小子喊着“我不”发疯似的到处跑。旁边拿着理发剪刀的教官和等待理发的学生全都看呆了。我赶紧安抚大家，把胖小子叫走了。

这个胖小子叫小徐，是高一（3）班新来的同学。这个孩子长得牛高马大、胖墩墩的，圆圆的脑袋上顶着一绺长长的黄发，这可是军训期间绝对不允许留的发型啊！他们班班主任今年第一次当老师，面对如此强烈的反抗，不知所措，急得满脸通红。我要求班主任立刻联系家长，把他接回去，可是他妈妈以各种理由拒绝了。

刚来学校第一天就这样，以后怎么管？一个年级700多个人，就他的发型搞特殊，还不符合中学生形象，大家怎么看？我怒气冲冲地看着他，他那张大圆脸涨得红扑扑的，大滴大滴的汗水往下流，看着他紧张的神情，我的心又软了。刚来到一个陌生的环境，谁都不认识，还要和老师抗衡，那得需要多大的勇气啊！于是，我耐着性子告诉他，按照规定，这个发型是肯定不能参加军训的，要么理发，要么回家。

没想到他立刻回答要回家。我心里想，这孩子有个性，敢说敢干。

我再次拨通他妈妈的电话，和她说明了情况，对她晓之以理、动之以情。但是一谈到如果孩子不理发就把他接回家的时候，她就有些情绪失控，先用不太流利的普通话推托自己没有时间接孩子，然后又说请老师给孩子做思想工作，从她的话语中我听出了慌乱、无奈甚至惶恐。作为妈妈，我也理解她的心情，可是理解归理解，规则总是要遵守的吧。在通话的过程中，妈妈又要求和小徐谈，小徐接过电话以后，不停地在空地上走动，用我听不懂的广东话和妈妈大吵大闹，并在喊叫声中挂掉了电话。当小徐把手机还给我时，我从屏幕上黏黏的汗水里体会到了他的无奈。放下电话以后，我发现他背过身去擦了擦眼睛，他掉泪了！原来和妈妈谈崩了，妈妈不想来接他，而是逼着他理发，而他摸着那一绺黄发，似乎十分不舍。我再次感觉到小徐心里的纠结和无奈。

我安抚了一下他，问道：“妈妈不来接你，那爸爸在哪儿呢?”他一听“爸爸”二字就拼命摇头，带着惶恐的眼神告诉我说爸爸出差了，长期不在深圳，似乎担心我给他爸爸打电话。我立刻明白了，缺位的爸爸，焦虑的妈妈，失控的孩子，这就是他的家庭的真实写照。作为一名教育工作者，我认为小徐的问题还是和家庭有关，所以，我决定再次和他的妈妈沟通一下。

可是，结果依旧如此，他妈妈客气地请老师处理，并且极度无奈地说，这个孩子不听她的，还是请老师管教。我们懂了，家长的意思就是把孩子交给了老师，就没他们什么事儿了。反正老师也不会对孩子做出出格的事情，所以他们对老师的教育一万个放心。

事情顿时陷入了僵局！不理发参加军训吧，其他学生会怎么看学校的管理？其他老师怎么看我的处事原则？不准参加军训吧，这个孩子怎么回家？毕竟孩子被送到了军训基地，我们就是他的第一责任人啊！爸爸不在，妈妈不来，孩子不听劝，居然要自己打车回家去，从军训基地到市区可是有 40 多公里啊。我立刻否定了他的想法：“在没有征得你父母同意的情况下，你自己坐车回去，万一别人看你这么帅，把你拐走了，我到哪儿去找这么个大帅哥赔给你妈啊？”小徐听了我幽默的话，笑了。气氛终于缓和了一点，看得出来，他有点累了。哭也哭了，喊也喊了，接下来我们怎么办呢？

当班主任，无论你见过多少学生，都要有一颗慈母的心。

等小徐平静下来，我开始和他聊了起来。

“小徐，你的头发是什么时候理的啊？这个发型很特别哦！”我带着欣赏的眼光看着他。

“中考一结束我就理了。这是一个说唱明星的发型。老师，好看吗？”

“如果你是个时尚青年，我觉得可以接受。但是，你现在首先是一个高中生，其次，你来到军训基地参加军训就是一个军人。你觉得这个发型对于一个军人合适吗？”

“嗯，我知道，子弟兵肯定不能留这样的发型。我妈天天跟我唠叨，让我理发。我好烦她这样。老师，我保证开学前会理发，好吗？”他居然主动向我保证，还给自己设定了期限。我听出来了，原来，小徐不是不愿意理发，而是不想现在理发。

“哦，这样啊！谢谢你对我们工作的配合。可是今天妈妈不来接你，我们又不能让你自己一个人回去，更不能让你回到班级参加军训。这个问题怎么解决呢？你总不能和我一直在这里聊天吧，还有好多事情等着老师处理呢！”

“老师，你别逼我了，我不会在这里理的。”出乎我的意料之外，小徐还是固执己见。我忍着一肚子的火和他继续聊下去。

“我初中军训的时候理发，教官用推子一推，我的头发就贴在头皮上了，很丑的，我一直不敢见人。老师，请放心，我保证9月1号开学那天发型一定符合规定。”

小徐终于说出了问题所在，告诉了我他不肯理发的原因。他不是不愿意理发，而是不愿意在这里让教官理发。

我顿时理解了他的想法，知道了他真正需要什么。

“老师理解你，你很注重自己的形象。如果有一个技术比较好的师傅给你理发，你就同意剪掉，对吗？”

“嗯！”他点了点头。

“那我带你去找一个技术好点的师傅，理一个符合规定的发型怎么样？”

“老师，真的可以吗？”

“你必须答应我认真参加军训！”

“Yes, Madam.”小徐调皮地向我敬了一个礼，脸上绽放出了笑容。

“我晚点悄悄带你出去理发。我们要保密，要不然其他同学会嫉妒老师这么优待你的。”

等天快黑的时候，我带着小徐到附近找了一家理发店，顺利地理了一个小平头。

纠缠了我们几个老师几乎一个下午的事情终于画上了一个圆满的句号，看着小徐开开心心地走进军营，我的心也放了下来。

问题与对策

青春期的孩子喜欢展现个性，经常会通过怪异发型或衣着首饰来吸引大家的注意。面对此类问题，我们可采用以下几种对策。

第一，充分了解青春期学生的心理特点，他们的很多问题背后都体现了他们的个性和需求。青春期是人生中最重要的一段时期，这个阶段的学生情绪波动大，自我意识强，他们渴望独立，渴望被尊重。这也导致青春期是一个充满矛盾和冲突的时期，也是学生从生理到心理发生剧烈变化的时期。其中一个比较明显的变化是，他们开始注重自己的外表，在意自己的外貌，如果家长和教师一味教育孩子应该把全部精力放在学习上，可能收效甚微。

第二，认识到孩子的成长过程就是不断犯错和改错的过程。我们应该认识到犯错是孩子成长的必然经历，也是他们获得心理免疫力的好机会。所以，问题的解决过程对教师来说就是一个教育契机，对学生来讲就是一个成长契机。

第三，了解孩子的家庭背景、成长环境和父母的教养方式。家庭是一个系统，而孩子是家庭的产物，更是这个家庭最弱小的成员。当系统出现了问题的时候，首当其冲的表现者就是孩子，因此孩子的问题是所有家庭成员问题的反映。因此，不能让孩子一个人来承担他身上的所有问题，而应该详细了解他的家庭环境、成长环境和父母的教养方式，找出问题产生的根源。父母对孩子的纵容、轻视、不尊重等行为会造成孩子行为偏差，而父母却意识不到自己的问题。家庭的共同进步，才是孩子进步的必要条件。

第四，信任理解学生，接纳学生的行为，与其建立良好的关系。在理解了学生问题背后的需求后，首先要安抚学生的情绪，以避免矛盾进一步激化，理解他的情感，从而与其建立良好的关系。美国人本主义心理学家的代表人物卡尔·罗杰斯曾经说过："如果我能提供某种关系，那么对方会从自己身上发现他利用这种关系来成长的能力，改变与个人发展就会发生。"

第五，真诚地和学生进行交流，倾听他们内心的声音，向其提出合理的建议。在取得学生的信任以后，和学生平等沟通。教师也可以把问题抛给学生，让他们自己提出合理的解决方案，我们再给予建议。让学生把事情的来龙去脉告诉我们，在这个过程当中，学生自己也在整理思路，可以发现自己的不足，并寻求解决方案。

感悟与反思

苏霍姆林斯基曾经讲过，教育者应该深刻了解正在成长的人的心灵。因此，在面对学生的问题或错误的时候，我们首先应该冷静下来，接纳他的行为，尊重他的个性，听听他的声音，认真想想学生问题背后的人性和需求，共同寻求问题的解决方案。

每一个学生都是独特的生命个体，他们的成长必然伴随着独一无二的生命体验。这种成长不仅包括身体的生长发育、智力的提升、道德水平的提高，还包括情感世界的完善、丰满，班主任要用自己的爱心、自己的柔情，温暖地拥抱每个学生，走进每个学生的心灵，教会他们处理和这个世界的关系、和同伴的关系以及和父母的关系，让他们变得独立、坚强、积极。

世界在变，学生在变，唯有我们做班主任的这颗仁爱之心不能变。所有的叛逆、反抗和对立，其实都源自成人对学生的操控和误解。愿我们所有班主任用爱心和智慧成为学生成长过程中的心灵导师！

用心了解孩子的哭闹

——每个学生都是极具特质的生命个体

深圳市南山区南山实验教育集团麒麟小学　李志远

案例呈现

一连两周，每天早上都有一个一年级的小女孩在学校门口抱着妈妈的大腿号啕大哭，谁来拉都不松手，哭得那么伤心、那么撕心裂肺。班主任每天在校门口或是蹲下和孩子交流，或是尝试掰开孩子死死抱住妈妈大腿的双手，结果都是无功而返。每天早上都会有一些家长和学生围观。直到最近几天，孩子的妈妈实在拗不过，只好把孩子带回家去。我相信很多有经验的老师都会认为这是因为孩子产生入学焦虑，哭几天就好了，但时间如此之长，哭得如此撕心裂肺的确实少见。

这一天早上由我值班，已经习惯看到这一幕的我，焦急地等待孩子的到来，希望能有所变化。变化果然有，今天孩子是爸爸送来的，妈妈出差了，但孩子还是一样的哭，没觉得比以往有任何好转。20 多分钟过去了，孩子在爸爸和班主任的劝说下向校内移动了 10 米左右，早操铃响了，班主任不得不回到班级，让爸爸继续耐心疏导孩子。显然，看似有耐心的爸爸，也已经有些招架不住了，虽然没有发火，没有苛责，但能看出他的无奈，任孩子在地上坐着，抽咽着。我走过去了解情况，告知爸爸我是学校的德育主任之后，孩子爸爸好像又看到了一丝希望，向我介绍了孩子的情况。刚好生活老师也在，也向我诉说了好多有关这个孩子的情况。我了解到了如下几点：第一，这个孩子最近好像和班里的一个男生发生了一件不愉快的小事；第二，常常自己一个人跑到洗手间将门反锁起来；第三，白天不太愿意和同学说话，但表现正常；第四，回到家后一切正常，不哭不闹；第五，爸爸妈妈已经焦虑到极点，没有办法，不理解孩子为什么会这样……

有的老师建议我利用学校领导的身份吓吓孩子，让她学会守规矩；也有的老师表示没事的，像这样上一年级哭闹的孩子见得多了，过些日子就好了；还有老师告诉我，还是让她回家吧，在家里教育好了再来学校。这些建议似乎都合乎常理，但我又感到不那么合适。那天早上劝走了爸爸之后，小女孩就一如既往的将自己关进了洗手间，并将门反锁。我尝试采用等待、呼唤、诱惑等方法，但都不起作用，哭声依然，紧闭的门依然。出于安全考虑，我请来了校工，准备从外面将门打开。在打开之前，我问她："门要从外面打开了，你准备好了吗?"突然，门开了道小缝，露出了一双哭得红肿的眼睛，我一看有门儿，便后退了一步问她："要不要出来玩，去操场走走也好呀!"她慢慢地走出来，我拉着她的小手，在操场上散步，聊聊家常，但只要一说到进教室上课，她的眼泪便要流出来……就这样，在操场上玩了一节课，最后还是被爸爸接回家了。

第二天下午，我以学校的名义邀请了孩子的父母，准备进一步了解情况，因为我目前具备的所有的对这种现象的认知都无法对这个孩子的状况进行合理解释，但总感觉有其他的可能。在与家长长达3个小时的交流之后，我喜上眉梢，我表情的转变让孩子的父母感到费解。我告诉他们，通过昨天以及之前若干天的观察，还有今天一个下午的交流，我感觉这个孩子是一个具备超乎常人的感知力的孩子，用多元智能理论来解释就是她的内省智能特别强。我告诉父母："不是孩子爱哭闹，而是她的特殊智能在作祟。你们不仅不要发愁，而且应该高兴才是，因为我们遇到了一个'宝'呀!"孩子的父母听了，将信将疑，但能看得出心情轻松了很多。

接下来的几天里，孩子依然有早上哭闹不愿上学的情况发生，我建议班主任借助学校最近的两场大型活动去吸引孩子的注意力，耐心地劝导她，并允许孩子最近一个星期每天只上半天课，下午回家休息。

一个星期过去了，孩子的耳边慢慢地没有了责备声，脸上没有了焦虑的表情。据班主任反映，孩子上课的状态越来越好，而且她的内省智能确实超乎其他孩子，有着过人的注意力以及观察能力，不但整节课都能保持高度的注意力，并且对班级的一些细小变化以及问题都能及时发现并指出……

看着孩子每天开心地来上学，我、班主任以及孩子的父母都很欣慰。孩子每天见到我都会对我笑笑，那双漂亮的大眼睛仿佛在说："谢谢你了解了我的哭闹！"

这件事让我深入思考：作为教师，对人的了解要胜于对事的判断，每个人都有属于自己的特质，我们要做的就是感受到每个生命的不平凡以及他们的能量所在，并积极地帮助他们成长。我们了解得越深入，提供的帮助就越适宜。

问题与对策

案例中的事件带给我一些思考：第一，同一个现象的背后是有着不同的原因的，我们的教育对象是人，是一个个活生生的人，而每个人都有属于自己的认知系统、能力系统，虽然在某些场合表现出来的现象是相同的，但教师更应该关注的是这一现象的个人的深层次原因。第二，我们习惯凭借自己的经验去解决工作、生活中的各种问题，但我们的经验又是如何形成的呢？是从简单的现象中总结出规律，也是一如既往的自我认知验证，也是具有科学研究性质的归纳与提炼，并抱着不断学习的态度去修正。第三，我们解决学生的问题到底是为了什么，是简单的息事宁人，还是为了人的成长呢？

这个事件所体现出来的问题如下：第一，每个孩子都是一个独特的个体，不能一概而论。第二，低年级的学生哭闹，折射出的是心理和生理的诉求，我们不仅要关注孩子外在的哭闹行为，更要关注他们内在的诉求。第三，有一部分孩子的哭闹是语言表达能力和人际关系弱所导致的，我们遇到这类孩子时应该仔细分析，针对孩子身上的具体问题采取有效措施。

解决这个孩子的问题可主要从以下几个方面着手：第一，发展孩子的语言能力，使之与其超强的感知能力相匹配。第二，调整父母的认知态度。这个孩子的内省能力是很强的，也是我们常说的敏感，但敏感并不等同于脆弱，需要父母积极引导孩子多关注生活中美好的事物。第三，特别的天赋需要特别的土壤。作为班主任，要在班级内为这样的孩子营造适宜他们成长的氛围，可以让她做班级同学的“心灵小使者”等，让她的敏感有用武之地。

从多元智能的视角去看，我们不难发现每一个孩子都有着属于他们自己的特质，而对每一种特质的滋养都需要更为包容的环境。班主任，恰恰是环境的营造者之一。

感悟与反思

回顾这件事，我感慨良多，小女孩凸显的特质，与我已有的知识经验刚好匹配。我可以断定孩子的行为表面上看似不可理喻，但她其实是一个极具特质的生命个体。每个孩子都有着属于自己独特的发展系统，问题在于教师的专业认知水平有多高。一个教师的专业认知水平越高，就越能识别孩子身上所具有的特质。由此，我想起这样一句话：“千里马常有，而伯乐不常有。”教师不就应该以伯乐的姿态出现吗？只不过我们的学生可比马厉害多了，因为衡量马的指标只有一个——跑得快，而我们人类则有太多的生命潜质等待挖掘。

在现代心理学和医学高度发展的今天，我们通过学习能够深切地感受到人的能量，认识到人与人之间的不同，更能感受到有些人具备的与生俱来的优势。这些平素里看似上演的每一场不合常理的闹剧，其实都是学生内在的力量在发挥作用。作为班主任，当我们遇到这些现象的时候，首先就要考虑人的因素，是什么力量促使着这些不寻常的事件的发展……当我们能看到这些的时候，就不会焦虑了。很多有着特殊潜能的学生就在我们身边，若能及时敏感地发现，我们就是奇迹的缔造者。其实每个人身上都有超乎常人的一面，只是我们没有发现而已。

教师的职责是教书育人，我们是否可以将其理解成教书是为了育人呢？在教书的过程中，我们如何凸显育人的本质呢？上面的案例给了我们启发。在教书的过程中，我们凭借自己的专业技能和专业精神去发现每个学生身上的特质，去呵护、理解并发展他们的特质，从而促进他们的整体发展……

我们的身边有牛顿、瓦特、爱迪生、爱因斯坦，而且我确信不止一个，但我们能否真正成为他们的引路人呢？让我们做一片肥沃的土壤，去迎接每一个具有灵性的生命吧！

用舒适的教育温度，培养人格完善的孩子

深圳市福田区莲花中学　殷晓薇

案例呈现

期末考试期间，学校教务处和德育处联合进行考风考纪检查，我们班的两个学生在考场上作弊，被监考老师“人赃并获”，现在这两个学生就站在我的面前。女生黄某和男生刘某是班上出了名的“绯闻男女”，我对他们的关注从入校的第一天就开始了。黄某是一个很有个性的女孩，报到的当天她没有按要求穿校服，而是穿着露脐短装，一副桀骜不驯的样子。刘某是一个性格比较内敛的男孩，每次跟老师说话都是低着头看着地板。新生入校一个月之后，他们的关系就已经非同一般了，在教室里他们经常坐在一起窃窃私语，有时刘某还会用手摸摸黄某的脸，上课的时候也会旁若无人地遥望对方。在这个青春懵懂的群体里开始有一些流言蜚语，有些学生甚至悄悄告诉我：“老师，他们俩谈恋爱了……”我极力地平息学生的这份情愫，引导他们正确对待异性关系，可当事的两个学生似乎毫不在意别人的看法和长辈的劝解。一次在厕所里偶然听到的一些话更是让我惊异，黄某向自己的同伴们炫耀：“你们说，我跟他牵过手，也接过吻，还能做点什么呢?”她的这番话让我意识到事态的严重性。我一边观察他们的表现，一边琢磨该如何解决这个敏感的问题，没想到他们竟在考场上“撒狗粮”：黄某在自己的试卷上直接写上了刘某的名字。我为这件事找他们谈话的时候，黄某在事实面前仍不悔改，还狡辩称：“老师，我这是帮助同

学，团结友爱可是您提倡的班风啊！”眼神中充满了挑衅，刘某在她的带动下也慢慢地抬起了头看着我。我不得不请他们的家长到校，当着他们的面，我把事情的整个过程转述给两位母亲，可两位母亲都缄默不语。大家尴尬了好一会儿，黄某的母亲把我拉到了外面，面露难色地对我说：“老师，我不是孩子的亲生妈妈，他爸爸和我结婚的时候这孩子7岁了，她的爸爸是一名警察，平时工作很忙，这孩子自打上了初中就格外叛逆，我完全没办法跟她沟通。”这一席话让我有些埋怨，埋怨黄某的父母为什么不早点告诉我孩子的家庭情况，让我可以更早地理解孩子的叛逆行为；也有些心疼，心疼孩子在年幼的时候就饱受与亲人的离别之苦；还有些后悔，后悔自己为什么没有早点查明这种种表象背后的苦楚。我对黄某的母亲说：“学校一定会理性地处理这件事，从促进孩子健康成长的角度出发，既要教育到位，又不伤害孩子的自尊心，希望你以后也能及时向我反映孩子在家里的情况。”协商过后，回到办公室刚坐下，刘某的母亲又把我拉到了外面，同样地犹豫和为难，她对我说：“老师，孩子现在的爸爸不是他亲生爸爸，我带着他再组了家庭，他的新弟弟也在咱们学校，各方面表现都比刘某优秀，他在新家里很自卑，也很敏感，很抵触我们的说教，我也很无奈，不知道该怎么办。”这一席话使我哑然许久，也让我恍然大悟，这两个孩子有着如此相似的经历，有着相同的生活感受，他们在对方那里找到了从未有过的安全感和同情心，他们惺惺相惜、互相扶持，慢慢地走进了青春的浪漫关系。快乐幸福的家庭总能为孩子提供更多的养分，可有些孩子被迫生活在“贫瘠”的土地上，他们就像单翼飞行的天使一样需要我们给予更多的关爱。在这件事以后，我总会给予他们母亲般的宽容和爱护，因为我相信爱是给他们心灵疗伤最好的灵药。初中毕业的那天，黄某紧紧地拉着我的手说：“老师，谢谢您，能在您身边长大是我的幸福。”我拥她入怀，动情地说：“孩子，也谢谢你，能参与到你的成长过程中，也是我的幸福。”

问题与对策

在成人的世界里，我们拥有追求幸福的权利，可是我们也肩负着教育子女的责任。离异家庭的孩子往往比较敏感，他们的青春期叛逆也会表现得更为激烈。他们不仅有着成长所带来的困惑，也饱受与亲人的离别之苦，父母婚姻破裂带来的伤痕会深深地烙印在他们的心里，会对他们的人生观、世界观产生很大的影响。在这些孩子的成长过程中，班主任对他们的影响就显得尤为重要，可从以下几方面进行正确引导。

第一，从细节入手摸清情况，尽早了解学生的生活。学生的言行可以折射出形形色色的家庭模式，作为班主任，要把工作做早做细，比如，通过对学生提交的个人信息进行分析，了解他们的家庭情况，可以通过家长会掌握班级离异家庭的情况，可以通过学生提交的作文或日记来收集相关信息，也可以通过与学生们的闲聊来了解。

第二，从接受开始有效陪伴，在期待中静待花开。身为人师，我们首先要主动接受学生的不完美。人们往往受心理学上的首因效应影响，会对一些行为叛逆的孩子产生误解，作为孩子在学校受重要影响的人，班主任必须要避免这种误解的产生，既要能欣赏学生的优点，也要接受学生的缺点。同时，还需要提高师生相伴的质量，了解学生出现逆反行为和心理的深层次原因，找对根源，对症下药。我们还要给学生设定一些目标，让他们体会目标达成的成就感，制订的目标要合理，就是大家所说的“跳一跳，摘桃子”，即让学生伸伸手、踮踮脚就够得着。

第三，以母爱动其情，以师爱导其行，刚柔并济，双管齐下。母爱与师爱既不相同，又可以互通。母爱更多的表现在感情上的流露及物质上的满足，而师爱则倾向于精神层面的引导和关注。班主任以爱学生为前提，用理解赢得理解，用心灵沟通心灵，用人格塑造人格，为母之宽爱，为师之严爱，相辅相成，为学生提供舒适的教育温度，培养他们完善的人格。

感悟与反思

在我十年的班主任工作中，遇到的像黄某和刘某这样来自单亲家庭的学生有很多。与来自幸福家庭的学生相比，这些来自单亲家庭的学生更需要学会与他人合作，而像黄某和刘某这样寻找与自己具有相似背景的个体作为“人生合伙人”，对他们的成长是很不利的。因为这种有局限性的合作往往不能发挥积极作用，教师应该及时有效地提高学生的多维合作能力，如引导他们学会与亲人合作、与同伴合作、与老师合作、与社会合作，在班级里构建合作共同体，让他们在合作共同体中汲取更多的正能量。

这两个学生不幸的家庭生活深深地刺痛了我的心，已为人母的我对这些“单翼”飞行的“天使”多了一份关怀，希望能用母爱和师爱温暖他们的心，让他们对未来充满希望和信心。班主任工作是富有情感的，我们在不断积累自己的工作经验之余，还需要保持对事物的好奇心和真性情，在感动中有所感触，在感触中有所感悟。

在与黄某和刘某的相处中，我不断地观察、引导、反思，并通过一系列的活动来不断提升自己的德育能力，以为更多的学生创设更好的成长环境。十年的班主任工作经历让我意识到，一名优秀的班主任应该始终追求卓越，不断提升自身的业务能力，完善个人道德修养，用卓越的人格魅力来感染学生。

班主任工作充满了挑战与创新，在当下教育饱受诟病的大形势下，班主任往往会被推到风口浪尖上。我们应该用更加包容的心态、更加灵活而富有智慧的方法来努力营造舒适的教育温度，为学生寻找更为恰当的教育方式。

用智慧解决贫困学生的问题

深圳市罗湖区螺岭外国语实验学校　李彩平

案例呈现

“你为什么不上体育课?”

被我这么劈头一问，小男孩打了个趔趄。

“你一直盯着这个笔盒看，是想拿这个笔盒吗?”

“不！不……”那双刚才还很明亮的眼睛此时躲闪得厉害，“我没有，我只是看看，我太喜欢变形金刚了。”

就这样，我记住了那双眼睛，也记住了那双眼睛的主人，一个名叫小坚的男孩。

一次外出办事，看到两个身影，大人在叫卖烤红薯，旁边有说有笑的孩子正是小坚。我快走两步想去和他打个招呼，不曾想刚才还在烤红薯车旁的小坚，一下子躲开好远。

“您应该就是小坚的父亲吧? 我是小坚的班主任李老师。”

“老师，对不起，您看这孩子看到您都不跟我说一声。”

“没关系。”我对小坚报之一笑，那双眼睛却一直盯着地面，整个小脸像擦了胭脂一般红。

我的心猛地一沉，那双眼睛，那份强烈的自尊心，那个再普通不过却无法说出口的小小心愿，把我的心填得满满的。

圣诞节前夕，我把一棵圣诞树放在教室的一角，告诉孩子们，这是一棵神奇的给予树。把心愿写下来挂在给予树上，可能会有人帮你实现，当然，你也有可能实现别人的心愿。

我将自己的心愿第一个挂上去：“我想吃到又大又甜的烤红薯。”课间，孩子们陆陆续续地把心愿挂上去：“我想去周游世界。”“我想买乐高玩具。”“我想寒假去美国。”“我想住别墅。”……然而始终没有小坚的。我内心不由地忐忑着：小坚这个沉默内敛而又自尊心很强的孩子，他会写下自己的心愿吗？一直等到下午放学，我才看到了那张期待中的字条，但我只猜对了一半：“我想要一个变形金刚的笔盒，我也希望爸爸早日找到新的工作。”透过那行歪歪扭扭的字，那双明亮而又躲闪的眼睛仿佛就在我眼前，让人心疼。

第二天一早，我袋子里装着笔盒，想象着小坚拿到笔盒时该是怎样的惊喜。还没走到门口，就闻到了浓浓的烤红薯的香味，果不其然，讲桌上放着一个足足有两斤重的色香味诱人的烤红薯。

“小坚，谢谢你帮我实现心愿。李老师能帮你实现心愿吗？”

我拿出崭新的变形金刚的笔盒，那双眼睛忽闪忽闪地望着我，盈满了泪水。

元旦前夕，我接到“放心一百早餐工程”负责人打来的电话：“李老师，有个好消息告诉您。您向我们提交的申请得到了批准，我们非常愿意为小坚的父亲提供一个岗位。”

过了几天，小坚兴冲冲地向我跑来：“李老师，我和几个小伙伴想合作把教室后面设置成一面心愿墙，您看行吗？”

看着小坚那双眼睛里的期待和自信，我毫不犹豫地点头答应了。小坚笑了，我也笑了。我知道，未来还有更多的人会笑。

问题与对策

贫困学生在物质上的匮乏，一直牵动着世界各地爱心人士的心。但他们的身心能否健康发展，往往容易被我们忽略。尤其在经济高速运转的深圳，贫富差距被拉得更大，他们由此承受着更大的心理压力。

作为班主任，要给他们提供正确有效的引导，让贫困学生不会因为贫穷而自卑甚至产生畸形心理，为他们的人生发展奠定健康的身心基础。具体可以从以下几方面着手。

第一，班主任要能艺术而智慧地处理问题。班主任工作的艺术性体现在问题得到了圆满的解决。其实，解决问题并不难，小男孩渴望能拥有一个变形金刚的笔盒，班主任完全可以买一个送给他。但这种近乎施舍的赠送，会造成两种后果：要么使学生强烈的自尊心受到伤害，要么让学生养成等他人给予、向他人索取的习惯。班主任工作若缺少艺术性，眼前的问题看似得到了解决，但其中的隐患所造成的后果将是不可想象的。佐藤学先生在《静悄悄的革命——课堂改变，学校就会改变》中反复强调要尊重每一个儿童的尊严。班主任工作单单做到关怀备至还不够，更需要深思熟虑、小心翼翼。班主任工作是一门艺术。要想真正掌握这门艺术，我们就必须多读书，多思考。此外，班主任工作的艺术，还源自班主任的智慧。班主任的智慧离不开日常教育教学工作的点滴积累和自身综合素养的不断提升。

第二，把“特殊”或“个别”置于“整体”中，借助班集体的力量去解决。班主任在解决类似贫困学生身心健康发展这种个别问题时，尽管考虑问题的出发点是贫困学生，但千万不能孤立地解决问题。班主任可精心设计一些活动，利用主题班队会时间，对全班学生进行“润物细无声”的教育。这种帮助看似无心，实则有意，比起盯着“特殊”或“个别”不放，既避免了放大问题的尴尬，也使教育效果得以实现最大化。

第三，班主任要善于整合利用一切可用的教育资源。教育资源从广义上讲是一切可被教育所用的资源。回归教育教学实际，哪怕是不太好的突发事件，只要教师善于抓住教育契机对学生进行“即时教育”，那些看似不好的事情一样可以转化为好的教育资源。教师要有整合使用教育资源的意识。同样的教育资源，经过不同形式和方式的整合，其发挥的效用完全不同。家长和家庭是我想特别强调的教育资源。

每个学生的问题或不足都不是表面看到的那么简单，而是反映了家长的教养方式是否科学、家庭环境是否健康等。教师只有抓住这些，才能真正理解学生，更好地帮助学生，更为长远地解决问题，而不是头痛医头脚痛医脚。班主任有义务了解学生的需要，竭尽所能整合一切可资利用的教育资源去创设能满足学生需要的环境。只有这样才能施行适切的教育，从而给学生的成长提供切实的帮助。

感悟与反思

第一，关爱学生要做到冷静、理智。苏霍姆林斯基认为，教师关爱学生，是教师的职业使然，没有爱就没有教育。一名有智慧的班主任，应该让自身对学生的关爱像空气、水一样流动起来，不能单方面地给予。时下的学生大多是独生子女，他们从小被无尽的爱和赞美所包围。班主任对他们的关爱早已被视为理所应当。因此，班主任要善于借助问题解决的契机，调动学生的同理心，使师生之间保持在信任基础上的良性互动和交流，这样问题解决起来将事半功倍。

第二，授人以鱼不如授人以渔，充分发挥学生的主观能动性。不仅贫困会给学生的身心发展带来负面影响，任何困境都会。如果被困者自身缺少主观能动性，那么任何人都无法使他完全摆脱困境、战胜困难。班主任要巧妙借助班级活动，在充分了解学生的基础上，给学生提供通过自己努力战胜困难的机会。

第三，班主任要不断地追求教育自觉，使教育行为产生积极的影响。教育自觉是一名教育工作者专业发展的核心和关键所在。只有发自内心地追求教育自觉，内化践行才有可能成为现实，相应的教育教学理念方可由内而生。任何行为，都是我们自身选择的结果，各种教育行为也不例外。但教育行为不同于其他，其影响力有时是无法被估量的。因此，我们的每个教育行为都应慎之又慎。要想对学生施以帮助其发展的教育影响，教师必须成长为有教育自觉的教育者，在此基础上，发展教育能力，积累教育智慧。

美国2009年度教师托尼·马伦认为："真正优秀的教师具有一种重要的品质，那就是能够读懂故事，他知道每一个来到自己跟前的孩子，都有一个独一无二的故事。好老师不仅能够读懂故事，还能够把信心和成功写入孩子的故事，他帮助孩子改正错误，和孩子一起创作更美的故事。"班主任工作错综复杂，面对千差万别的学生，班主任不仅要用耐心和爱心了解、关注学生，更要用智慧去解决问题，让师生共同成长。

一份家庭协议惹的祸

——如何让学生的学习动力持久而稳定

深圳市福田区北环中学　张晶

案例呈现

小钟同学刚入学就引起了我的注意，新生情况调查表上显示，他在小学一直担任班干部。在初一新生的军训中，他表现突出，被教官选为队长，最终获得了“军训标兵”的称号。竞选班长时，他又脱颖而出，以高票当选。在随后一年的时间里，他成为我的得力助手。班级各项活动布置下去，他作为班长能够快速地组织、高效地完成，经常受到老师的表扬。经过一年的时间，从初一上学期第一次大考年级200多名进步到年级86名。他的父母在看到孩子进步而感到高兴的同时，也提出了更高的要求。

初二一开学，我就感觉小钟的情况有点不太对劲了，上课注意力不太集中，经常被老师点名。在班级中，也慢慢失去了在同学中的威信，上课经常违反纪律，各科作业完成的情况差了很多。放学后，还经常被老师看到在小区内和同学玩扑克，时常出现不穿校服等违反学校规定的行为。

在随后与家长的沟通中，小钟的妈妈发给我下面这份协议。

家 庭 协 议

协议人：钟爸爸　钟妈妈　小钟

现以上三人就小钟2015年秋季（初二上学期）学习成绩的奖惩细则问题，经协商达成如下协议：

1. 初二上学期期中考试成绩总分能达到班级前5名以内，同意奖励人民币2000元，并每前进一名再多加100元。若达不到要求，则惩罚1000元。期末考试成绩总分能达到班级前5名以内，同意奖励人民币3000元，并每前进一名再多加100元，若达不到要求，则惩罚1500元。

2. 初二上学期期中考试成绩总分能达到年级前70名以内，同意奖励人民币3000元我，并每前进十名再多加100元。若达不到要求，则惩罚500元。期末考试成绩总分能达到年级前70名以内，同意奖励人民币4000元，并每前进十名再多加100元，若达不到要求，则惩罚2000元。

3. 以上奖励若达到要求，小钟可以使用一半奖励款，余下一半作为期末保证金，所有奖励款先预存在钟妈妈处，由其保管，使用时必须有合理的用途，一定要由父母一方同意方可使用。

4. 若成绩达不到规定的要求，则惩罚金由钟妈妈先记账，以后再从预存奖励金或其他地方扣除。

5. 以上协议望三人共同遵守，若任何一人违反则按奖励金二倍惩罚。三人签名为证。

签名：钟爸爸　钟妈妈　小钟

时间：2015年8月30日

一个月后的期中考试，和预想的一样，小钟的成绩不但没有进步，反而退步到年级 200 多名，回到初一刚入学时的水平。

在和小钟的交谈中了解到，他小学一、二、三年级都做班长，四年级被降为副班长，五年级做课代表，六年级做小组长。老师一步步让他降级，就是因为开始的时候他各方面表现都挺好的，但有些调皮，有时候会违反学校的规定。虽然小钟能够认识到自己的缺点，但改变起来很难。

小钟的父亲开公司，很少有时间管他。母亲没有工作，主要负责小钟的生活和学习。在家庭教育中，母亲把所有的心思都放在小钟身上。近来，小钟母亲也感觉到小钟越来越叛逆，越来越不愿意跟父母沟通，不愿意接受父母的建议。在很多事情上，父母无法用道理说服小钟，只能放任不管。

知道了小钟的问题产生的原因，接下来我的任务有两个：第一，让小钟自己对学习产生兴趣，而不是受外力的驱动；第二，尝试转变小钟父母的管教方式。

我先找小钟过来，问他："你这次成绩退步的原因是什么呢？老师想听你说说。""我上一次成绩进步很大，爸爸妈妈答应给我的奖金并没有兑现。"小钟有点抱怨地答道。"你爸爸妈妈当初给你设立奖金，你觉得他们当时是出于什么目的？""想促进我学习。""目标达到了吗？""嗯。""但这次成绩又急速下滑，之前的努力和进步都付诸东流，你觉得通过什么方式才能够让自己的成绩保持稳定？"小钟若有所思，默不作声。"是爸爸妈妈一直给你奖励吗？""不是。""对，需要你自己对学习感兴趣，而不是靠外力推动，这样你的进步才能够持久而稳定。"

接着，我约见了小钟的父母，告诉他们以奖励驱动小钟学习的弊端以及家庭教育的重要性。在随后的工作中，我一直关注小钟的点滴进步，及时纠正其错误，帮助小钟的家庭改善亲子关系。在和老师、父母的共同努力下，小钟的各方面表现越来越好。

问题与对策

1. 协议的内容要具体，注意细节，且有利于监控评价

不管是教师还是家长，在与孩子约定事情，需要签协议的时候，所协商的事情一定要是双方自愿的，协议双方的权利和义务应该是相称的。协议要有具体的事情、短期的目标，而不是泛泛而谈。比如，可以是提高课堂专注力的协议、提高作业完成效率的协议、上课遵守纪律的协议、放学后到家时间的协议、使用手机时间的协议、看电视时间长短的协议、周末与同学出去玩的次数的协议，等等。

2. 家长要了解青春期孩子的心理特点

孩子步入青春期后，生理上会出现一系列的变化，这些变化包括身高和体重迅速增加、身体比例和体形的改变以及性成熟。同时，心理上也会产生较大的变化。

大脑发育的不成熟可能使得情感压倒理智，这是青春期孩子遇事不理智的一种原因。青春期孩子思维的不成熟性表现在以下几个方面：①理想主义和批判性。确信自己比成人更懂得如何驾驭世界，常常会觉得父母的看法是错的。②爱争论。总是不放过任何证明和展示自己能力的机会。③优柔寡断。对于同一件事会在头脑中同时产生多种选择，却缺乏有效的策略来做出选择。④言行不一。⑤自我意识很强，常常会认为其他人也都和他们一样在思考相同的事情。⑥认为自己是独一无二的，自己的经历是独特的，规则是用来约束除自己以外的其他人的。这种思维的不成熟性使得一些青春期孩子无法听取在成年人看来既合理又有说服力的忠告。

3. 父母的教养风格与孩子的成长密切相关

父母的教养风格可以分为四种：权威型、专制型、放任型、忽视型。

权威型教养风格有利于孩子获得学业上的成就。权威型父母会教孩子看到问题的两面性，欢迎孩子参与家庭决策，允许孩子比父母知道得多。他们能在孩子取得好成绩时给予赞赏和特权，成绩不好时又会鼓励他们更加努力，并给予帮助。

专制型父母告诉孩子不要与父母争论或质疑父母，还会告诉孩子“等他们长大了就会懂得更多。当孩子取得好成绩时，父母会告诫孩子下次要做得更好；当孩子成绩不好时，父母可能会惩罚孩子，减少他们的权利或限制他们的行动。

放任型父母对孩子的成绩漠不关心，他们不限制孩子看电视，不参加孩子的学校聚会，既不检查也不帮助孩子完成家庭作业。这类父母可能并非忽略孩子或不关心孩子，事实上，他们可能对孩子关怀备至，只是认为孩子应该对自己的生活负责。

忽视型父母既不关心孩子，也不对孩子提要求，对孩子的学习、生活漠然，亲子之间缺乏沟通交流。这类父母的孩子更可能把成绩差归因于外部原因或自己能力低，即一些不可控的因素，而非自身努力，这就会影响他们努力去取得学业成功，从而导致他们的自我效能感低。

本案例中的父母属于专制型，在孩子的成长过程中，只提出自己的要求，没有及时了解孩子内心的想法。对于存在的问题，他们很少与孩子进行深入的探讨。这样的教育，当孩子进入青春期后，有了对世界的更多的认识和看法，有了追求独立的意识后，往往会和父母产生冲突。

感悟与反思

很多家长喜欢用物质奖励的方法来刺激孩子持续良好的行为。比如，孩子考了高分，家长就说“如果你下次还能考多少多少分，我就给你买什么”；再比如，孩子做对了某件事，家长就给孩子一些物质奖励。这种教育方法的确能在短时间内起到激励作用，刺激孩子行为的转变，但从长远来看绝不是一种好的方法，因为这种方法只会让孩子对学习本身失去兴趣。

人的行为动机可分为内部动机和外部动机。当我们因对活动本身的兴趣、完成活动过程中的乐趣或活动对人的挑战而自发地进行某种活动时，我们的动机源于内部。而为了某种外在结果而进行某种活动的动机则来源于外部。培养孩子的兴趣，让他们真正从事物本身收获乐趣，激发孩子的好奇心与探索欲望，给孩子提供足够的支持，为他们提供建议和选择，并鼓励其负起独立选择的责任，有利于孩子内部动机的培养。

孩子在跟家长签订协议时，当时可能有完成目标的冲动，但目标太远太大，得到的奖励可能长时间以后才能够兑现，在日常的学习中并不能及时获得自我效能感。经过一段时间，这种物质的刺激就逐渐不起作用了，并不能让学生对学习真正产生兴趣，是不可持续的。

特别的爱，给特别的你

——如何教育患有多动症的学生

深圳市龙岗区坂田小学　王静

案例呈现

产假结束了，我怀着激动而忐忑的心情走进四年级（3）班教室。16个孩子端正地坐在座位上，一双双大眼睛随着我慢慢移动，充满着新奇和期待。只有一个坐在前排座位的男生上身斜靠在课桌上，不安分地抖动着双腿，冲着我"呵呵"地笑。

他的欢迎方式着实与众不同："你是新的语文老师吗?"说话的声音还带着一丝嗲气。

我微微笑着说："没错，你是我的新学生了!"

他直起身体，一只手撑着脑袋，开始细细地打量我。一系列的动作表明，我同样也引发了他的兴趣。

他叫小董，10岁，上课坐不住，经常会制造动静影响到其他学生，被医院确诊为患有多动症。因为课上的异常表现，很多科任老师都不喜欢他。这些基本情况班主任早已给我讲过。第一堂语文课，他便以自己独特的听课方式引起了周边同学的不满。读书时，不张开嘴巴好好读，而是发出"呜呜噜噜"的声音，加上摇头晃脑晃动身体的架势，让同桌不得不把自己的课桌与他的课桌拉开一段距离；其他同学安静写字时，他一边回头张望，一边用手转着笔，得意地吹起了口哨。

“老师，您能让小董安静一会儿吗?”

“老师，他上节课就不写字，被班主任批评了，这节课又一个字不写。”

听到同学们的一声声抱怨，他不好意思地转过脸来怯怯地望着我，接着在本子上乱涂乱画起来。这样的安静只不过持续了3分钟，他又开始“自娱自乐”起来：用两支笔敲打着课桌，同时偷偷地观察着周边的动静，在同学们不满的眼神中进行着自己的“乐曲创作”。我走到小董身边，只见他睁大眼睛望着我，怯懦地等待着我的批评。考虑到他的特殊情况，我压下心中的怒火，俯下身子，轻声对他说：“老师知道你很喜欢创作乐曲，不过这是上课时间，或许我们可以换另一种方式度过。”我顺手将一本绘本放在了他的面前。他望了望我，便开始津津有味地看起绘本来。

为了更有针对性地对小董实施教育计划，我开始查阅儿童多动症的相关资料，并积极咨询了有关心理专家和学校的心理辅导老师。患有多动症的孩子往往不遵守课堂纪律，上课时注意力不集中，这并不是因为他们不想学习，也不是他们故意要跟老师作对，只是他们对自己的行为缺乏自我控制能力。小董上一年级时，上课随意走动、大声辱骂师生、时不时拿同学的文具等都是家常便饭的事，如今他上课时可以坐在自己的座位上不随意走动了。从小董一年级至四年级的慢慢转变可以看出，能在座位上坐得住对他而言已经是巨大的进步，说明他也在努力控制自己的不良行为。那就以此为切入点，在肯定他能“坐得住”的同时，鼓励他在课堂纪律方面有所进步。

我为自己和小董设立了一个个小目标，将每个小目标贯彻到每一堂语文课上：课堂上如果他能保持安静，不打扰其他同学，我会在全班同学面前大大地夸奖他；如果他能主动举手回答问题并回答正确，我会奖励他一个“大拇指”；如果他读书时嘴巴张开，不拖音，我会请他给小组领读……小小的鼓励给了小董很多表现机会，每次拿到奖励给他的大拇指，他都格外珍惜，把它认认真真地贴在积累本上。

这些举措在短时间内有了起色，但是日子一长，小董好像就没有这么积极了。于是，我又调整策略，根据小董喜欢看课外书的特点，允许他在坚持不了听课的情况下可以看书，并利用早读课或课前准备时间让他讲故事给大家听。此外，我坚持每天把小董的表现反馈给班主任，在班主任一次次地说着“王老师说小董今天课堂表现不错，又进步了”这样的反复激励中，小董约束自己的信心也不断提高。心理辅导老师每周三都会对小董进行一次心理辅导，我也及时了解到了小董的心理变化。原来，我在他心目中还是一位“受欢迎的老师”呢！

新学期，学校少先队大队部开始招募新的值日生。我一上课就把这个消息告诉了孩子们。刚下课，小董便走过来，不好意思地问我：“老师，我也想当值日生，可以吗?”

“你知道值日生需要做什么吗?”我笑着问他。

“嘿嘿，不知道，小明想做值日生，我也想做。”

“是吗？看来你们俩都很积极，表扬你们俩的勇气。当然，想做学校的值日生也不是简单的事情哦！首先，老师得看看你们在班级里的表现，是否能起到表率作用，如爱护环境卫生、按时完成作业、上课认真听讲等，如果能坚持两个星期，就可以做预备队员哦!”

小董听了，高兴极了。我马上将小董的这一意愿告诉了班主任和其他科任老师，希望大家能共同监督和鼓励他。经过课上的不断提醒和约束，小董如愿以偿成为值日生预备队员，每天放学后都乐呵呵地跑到队部室跟着小队长准备值日。学校管乐团成立后，我与小董妈妈商量后鼓励他积极加入乐团，学习乐理知识和竖笛演奏。

就这样，小董的学习与生活在课堂上的“静”与值日工作、乐团活动、心理辅导课的“动”中有序进行。慢慢地，他可以做到在课堂上不制造噪音、不干扰同学和老师，甚至可以参与到课堂的互动学习中，他的语文成绩也由最初的不及格提高至 80 多分。他的转变也逐渐赢得了同学们和老师的认可。

在我写下这些文字的时候，我与这 47 名孩子已经共同走过了 5 个多月的光阴，孩子们在对小董的帮扶过程中也尝到了甜头。大家都喜欢帮助不断进步的人，我也及时鼓励和肯定孩子们的宽容和大爱，希望他们能将这份爱继续传递下去。

问题与对策

特殊儿童需要特殊的关爱。面对患有多动症的小董，我需要付出更多的耐心和爱心，用爱激励他的自信心，使他在老师的关爱中成长、进步。具体可从以下几方面着手。

第一，正确认识特殊儿童，树立正确的舆论导向。小董是幸运的，而遇到小董的我同样幸运，因为我有了一次与他共同进步的机会。面对小董在课堂上的种种不良表现，一味地指责批评不仅不能安抚他，反而会使小董对其他孩子造成负面影响。为了使小董在班级同学的正面关注中健康成长，在小董去参加心理辅导课的时候，我将查阅到的儿童多动症的相关知识告诉班里的孩子们，并结合心理专家的建议与孩子们一起动脑筋想方法——如何从自身出发来包容和帮助小董？孩子们理解了小董的行为，不再对他冷言冷语，也多了一些包容。老师进行正面疏导，同学进行温暖的帮扶，让小董感受到集体、老师的关爱。

第二，在日常学习和生活中多多帮助他，为表扬激励创造机会。为了更快地与小董拉近距离，让他不再抵触上语文课，我将一些只要他稍微注意和安静就能做到的事情设立成一个个小目标，只要他能做到，我就在班级里大声表扬和肯定他。随着他的进步，再将一个个小目标稍微提高要求，如朗读课文、回答问题等，能完成得比较好就会有“大拇指”的奖励；有时还可以让他在同学面前露一手——为小组领读。小董的自信心一点一点的在目标达成中建立起来，渐渐愿意尝试更大的挑战了，也更积极地参加社团活动、值日生工作。一次次全新而充满挑战性的体验，温暖的鼓励和氛围，使他有了新的目标，甚至有了想和别人比一比谁做得更好的动力。

第三，因材施教，循循善诱。因为小董情况的特殊性，在教育教学过程中，我必须请教专业人员以获得他们的帮助，班主任、心理咨询师、心理辅导老师都是我的请教对象。在与小董的不断接触中，我了解到他既需要专业的心理疏导，也需要正常的学习、生活氛围的熏陶。他喜欢课外书，那么阅读绘本和故事书可以作为他上课的辅助材料；他喜欢音乐，我便鼓励他参加管乐团，学习相关专业知识；他不能很好地控制自己的行为，那就多给他一些提醒；他喜欢进步后获得赞许，那就鼓励他能做好的坚持做到……

同时，动静守恒，合理调配同样有效。对孩子而言，静和动是守衡的，越是限制他动，他越会多动，动够了必然有安静的过程，适时地坐下来读书、听讲等，这些都在一步步训练中收到愈来愈好的效果。当他愿意融入集体的氛围中时，他便能静下心来学习，在这个过程中，需要老师的耐心引导和不断鼓励与肯定。

感悟与反思

美国哲学家詹姆士告诉我们，人类本质中最殷切的渴望是被肯定。每一个孩子都是如此，多动症儿童也不例外。作为教育工作者，我们应以赏识的眼光和心态看待每一个孩子，悦纳特殊儿童，要有一双善于发现的眼睛，发掘特殊儿童身上的闪光点。

小董的进步值得肯定，但在新的挑战任务出现的时候，我们不能仅仅停留在肯定的层面，而是要善于发掘孩子内在的潜能和兴趣。通过循循善诱引导他发现自己的兴趣和兴奋点，将注意力转移到感兴趣的事物上，再适时进行肯定和鼓励。同时，营造平等的学习、生活氛围也很重要，患有多动症的孩子也可以通过自己的努力加入社团甚至做一名值日生，因为他们也需要展现自己，需要得到更多人的认可和鼓励。

通过几个月的教育探究与实施，小董在总体上是有进步的，语文学习成绩更是有了很大的提高。这些都与班级全体老师的积极配合和孩子们的帮扶有密不可分的关系。正是因为有了老师的信任、激励、宽容和提醒，有了同学的尊重、理解和帮助，小董才一步步树立自信心，坚持改正自己的不足，甚至有了很大的进步，能融入班集体之中。当然，小董还有很多方面需要改进，但是花儿绽放需要阳光、雨露，更需要时间。假以时日，我相信小董会在大家的帮助下、在自己的努力下，进步越来越大！而我们，只需用爱守护，静待花开！

无精打采与斗志昂扬

——如何让学生从小说的虚拟世界中走出来

深圳市福田区北环中学　张亚龙

案例呈现

新学期，我接手一个初二的班级。开学不久，突然接到电话："老师，我家小奕这周不去学校了，爸爸不让他去上学。"出了什么状况？上周不是挺好的吗？

了解情况后我才知道，原来小奕因为沉迷小说，已经被家长、学校老师多次处理。家长在经济上对他进行了控制。然而，上周末，他被发现偷偷从妈妈钱包里拿钱去买小说。爸爸忍无可忍，狠狠揍了他，并说上学和小说他只能选择一个，冲动的小奕选择了小说……

怎么如此任性！我感叹道。但我感觉事情并不简单：孩子沉迷小说已经根深蒂固，这种专制处理只怕适得其反。于是，我一方面安抚家长，让小奕先来上课，另一方面开始思考接下来的应对策略。

下午，我将小奕叫到谈话室，试探性地问："你为什么对小说如此着迷呢？"他默不作声。"是因为小说情节精彩，内容丰富，剧情跌宕，很吸引你吗？""老师，我知道有些书其实写得并不好，但不看就感觉坐立不安，特别难受。"

为了让他明白这是一种过度依赖心理，我决定让他体验一下心理学上的脱敏疗法。于是，我找了纸笔，对他说："我们来做个小实验。试试用左手写出你的名字。"他疑惑地看看我，但很快照做了。看着他吃力地写着字，我随即问道："这样写感觉如何?""比较难受，很别扭。""再写几遍试试。"

大约过了 10 分钟，我观察他运笔比刚开始快了很多，就问道："现在感觉如何?""现在顺畅多了。""为什么不别扭了?""因为我练习了很多遍啊。"说到这里，他突然抬起头说："老师，我明白了。因为我痴迷网络小说已成习惯，突然戒掉肯定会难受。""那该怎么办呢?""我应该多多练习克服这种不适应。"他坚定地答道。

有了主观意愿就好办了。在接下来的时间里，我引导他逐渐克服这种不适应：将书交给我保管，实在难受的时候，就找我借阅一小会儿；同时在日记里记录当天的感受，并交给我批阅……

一段时间后，小奕妈妈来找我说："老师，太谢谢您了。孩子现在好多了，不像以前那样无精打采，和爸爸的关系也缓和多了。"

看着每天神采奕奕地带着日记本找我批阅的小奕，我备感欣慰。

但几个星期后，我发现小奕又恢复了以前的状态，难道老毛病又复发了？我随即做了调查。果不其然，他在其他老师的课上又开始偷偷看小说。

我很气愤，准备狠狠训他一顿。把他叫到谈话室后，我不客气地问道："小奕，你不是答应过我，不再偷偷看小说吗？可为什么……""老师，你不要相信我！我说话自己都不信的。"他打断我说道。

他的这一说法震惊了我，这背后肯定另有隐情。

原来，坚持练习后，他逐渐克服了戒掉小说的不适，并满怀信心地应对学业。可长时间落下的课程哪能一朝一夕赶上！作业上的错误和课堂上的挫败感一点点消磨着他重燃的信心。在得不到成就感的情况下，他开始怀疑自己的能力。久而久之，他又想起了小说中的虚幻世界……

原来是现实的挫败感使他躲进小说的虚幻世界里。找到症结后，我暗自松了一口气。"我们再来做个实验吧！"我给他找来纸笔，说道："随手画一条直线试试。"他画完后，我找来尺子画了一条，随即问：

“谁画得更直?”“老师，你画得更直。”“是因为你的能力不如我吗?”“不是。是因为老师用了直尺。”

我看时机到了，随即问道：“你现在作业出错、上课听不懂，是因为你的能力不如其他同学吗?”“不是!”他咬着牙答道。“你让我不要相信你，是你自己真的说话不算数吗?”“不是!”他斩钉截铁地答道。“那是什么?”“我每次都不如别人，再怎么努力，成绩总上不去，各科老师总是批评我！我感觉我无能为力了……”说到最后，他甚至哭了出来。

我缓了缓，待他情绪平复，说道：“我们一起来用左手写字试试。”他含着泪点点头。“谁写得好?”“我。”“为什么老师这么努力写，结果还是不如你?”“因为老师你没练过啊。”他说完，突然抬起头看着我，眨巴着眼睛，似乎明白了什么。

找到了真正的原因后，我开始引导他回顾排查自己欠缺的知识，并制订详细的计划，阶段性地弥补和提升基础内容，并利用初二新学物理的机会，辅导他将物理考到了班上前10名。

树立了自信心后，他的精神头儿也来了。我总觉得，这或许就是他本来的样子：神采奕奕，斗志昂扬!

问题与对策

学生的行为习惯问题，往往都是心理问题，需要我们细心疏导，正确归因，引导孩子健康成长。

沉迷小说是中学生中常见的问题，班主任应该如何挖掘事件背后的症结，让学生的身心健康发展呢?

第一，不能滥用权力。中学生正处于青春期，对身边人的行为和评价特别敏感。权威的确可以让学生暂时屈从，但也只是暂时和表面上的，久而久之，小状况就会变成大问题。所以无论是教师还是家长，都应该与孩子进行情感上的沟通，以朋友的身份来和孩子探讨问题。

在这个过程中，心理体验（可以是实验，也可以是小游戏）是最好的方式，可以让孩子在体验中感悟，在感悟中成长。

第二，教育需循序渐进，不能一蹴而就。有位哲人说过，世上没有毫无缘由之事，也无天生作恶之人。学生身上出现的种种问题，不是一朝一夕形成的，也必然不可能一时半会儿就能解决。教师和家长需要仔细斟酌，制订应对的策略，帮助孩子改掉长时间养成的不良习惯。

第三，正确归因，有的放矢。孩子的成长过程，就是不断获取价值感和归属感的过程。对孩子来说，家长、教师、同伴就是他的重要他人。在形成稳定的世界观、人生观、价值观之前，孩子往往会通过家长、教师和同伴的评价判断自己的行为，这就很考验教师的谈话、评价艺术。因为极易出现的情形是：我们一句随口的点评，却让孩子铭记一生。所以在处理问题时，务必引导孩子正确归因，方可避免歧路亡羊之痛。

感悟与反思

教育没有“一篮子”解决方案。作为班主任，总想找到一种“放之四海而皆准”的教育方法，然而个体的差异性和时空的不对等性使得我们的尝试总不能达到预期的效果，焦虑也由此产生。信息的沟通可以靠语言、文字、逻辑分析，而心灵的沟通要靠情感共鸣。只有我们与学生感同身受，方可窥见问题的本质。

扩大视野，感知更长的时间跨度。常年的班主任工作经验，能让我们敏锐地发现学生身上出现的问题，但也极易让我们根据经验判断甚至定性学生出现的问题。岂不知，因果相循，而原因又皆不相同。只有当我们将经验暂且搁置，扩大时间范围来观察一个学生时，才能够把握其所经历事件的脉络。这样，我们的应对策略方可贴合实际，不至于生搬硬套、事倍功半。

保留一份孩子气，做一个天真的“皮格马利翁”。希腊神话中塞浦路斯国王皮格马利翁爱上了自己的雕像、日日渴望雕像复活，结果雕像果真复活，皮格马利翁因此梦想成真。心理学研究告诉我们，人们会不自觉地接受自己喜欢、钦佩、信任和崇拜的人的影响和暗示。作为孩子最直接的行为评价者，班主任最珍贵的莫过于那一颗拳拳赤子之心：相信孩子，他们一定行!

老师，您是我的圆梦巨人

——如何转变行为有偏差的学生

深圳市福田区百花小学　李金玲

案例呈现

开学伊始，我接到一个令人棘手的班级。之所以说棘手，是因为班里有个全校出名的“调皮大王”。早晨，我正要踏进教室，忽然被一个疾奔而过的身影撞到一边，还没等我反应过来，他又高喊着“冲啊”向走廊尽头跑去。望着急速而去的背影，我怒火顿生，急忙询问这是哪位同学。同学们一致回答：“小高啊！”那声音里充满了理所当然、见怪不怪的意味。早读之后，我找来小高，询问他为何高喊奔跑，他笑着对我说：“好玩啊。”我耐心地对他说：“同学们都已经开始早读了，你不应该随意乱跑，高声喊叫。”他看了看我，很乖巧地说：“知道了。”我在心里松了一口气，想着他能意识到自己的错误，就是好孩子。可惜，天不随人愿。从那以后，几乎每个课间都会有学生向我投诉小高，诸如打架、抢别人东西、吐口水、撕板报之类，不胜枚举。每次我找他来办公室，他嘴上都会乖乖认错，但实际行动没有丝毫改进。每次和他谈完，我都会在心里默默告诫自己：不要放弃，他还小，感化他，慢慢来。可是随着小高来办公室的频率越来越高，我的耐心被消磨得越来越少，态度也越来越冷淡。终于在一次语文课上，我们之间爆发了激烈的冲突。

那天语文课上，我正讲得津津有味，同学们听得也格外入神，忽然教室里发出一阵阵刺耳的怪笑声。我和其余52名同学的目光全部集中到声音的源头——小高身上。看到我目不转睛地看着他，他立刻收住笑声，但肩膀还在不停地抖动。我强压怒火，对他说了一句“小高，注意力要集中”，便继续上课。他安静了一会儿，又开始转过身去抢身后同学的语文书，被我制止后继续抢旁边同学的铅笔盒，这次我用更严厉的声音说“坐好”。他感受到了我的怒气，坐正了身体，低头看书。我想，他这次应该安静了，便继续讲课。就在课堂的最后5分钟，我正在板书，突然全班同学都惊呼起来：“老师，快看！”只见一个被塑料袋包裹得严严实实的小脑袋在不停挣扎着，双手却还是牢牢抓紧袋口，我吓得三魂七魄都要飞出来了，赶快走下讲台用力拉下塑料袋，小高却边做鬼脸边发出怪声。全班同学都震惊地看着他，我的怒火被彻底引爆了，对他吼道：“你出去！”他似乎一怔，随后走到了教室门口。下课后，我没有像往常一样把他叫到办公室，而是对他视而不见，怒气冲冲地走了。

中午吃饭的时候，我和学校的心理辅导老师坐在了一起。在聊天中，心理辅导老师对我说：“小高说他最喜欢的老师是你，因为你对他最好。”这句话像一根钢针一样刺到了我的心，我开始后悔刚才的不冷静、不理智和粗暴。虽然小高有很多不良习惯，但是孩子的心是单纯的，是懂得感恩的。这顿饭令我如鲠在喉。午休的时候，内心无法平复的波澜不断叩问着自己：我的职业梦想到底在什么时候遗失了？我还是那个满怀激情，誓要公平、公正、无私、博爱、永不放弃的我吗？也许我还是。不，我应该是，我一定要是！再也无心入眠，我开始仔细梳理小高的特点：认错态度诚恳，事后坚决不改；格外需求关注，为达目的不择手段；欺善怕恶，崇尚暴力；聪明伶俐，喜好阅读。针对这些特点，我重新制订了针对小高的辅导方案。下午，我找来小高，先向他道歉，表示不该粗暴地把他赶出教室，然后让他说说他自己的错误和反思。在我的柔声细语中，小高似乎比从前诚恳了许多，并且再次保证今后不再犯错了。

之后，我积极开展了对小高的行为干预。首先，我想到了家访。家庭环境是孩子性格形成和行为习惯养成的重要因素，了解小高的成长环境有助于分析和解决问题。到了小高家，我才知道，由于父母工作忙，小高平时都是住在外公外婆家。而看到小高在家表现得如学校一般，铅笔散落满地，书本到处丢弃，外公外婆一边责骂一边收拾的情景时，我知道了问题的症结所在。看来，要想改变小高，必须让他回到父母身边生活。我决定首先与小高的父亲沟通。我通过电话得知他在惠州工作，是脑外科医生，平时工作很忙，很少回深圳。我提出想和他面谈，请他务必抽出时间来学校一次。通过这次面谈，我感受到因为孩子带来的一系列困扰和矛盾，为人父母的无奈和辛酸。我认真地帮助他分析小高的行为习惯、心里映射，以及出现这种状况的原因，并诚恳地提出四点建议：一是克服困难，把孩子接回父母身边；二是家庭教育思想要高度统一，老人要尊重父母的教育方式，在孩子面前多树立父母的权威；三是杜绝打骂等简单粗暴的单一管理方式，根据不同情况制订不同的管教措施；四是与学校密切合作，及时交流沟通，及时疏导孩子的负面情绪，帮助树立班主任的正面形象。最后我真诚地表态，无论如何，我都不会放弃小高。我的承诺感动了这位几乎绝望的父亲，让他对小高重燃信心。之后又通过多次沟通，我获得了小高父亲的高度信任。我建议他务必多抽出时间，全方位参与到小高的日常生活中。随后，他做了一个重大决定——每天从惠州赶回深圳，把小高接回家住，早上再开车送他来上学，而自己就利用午休时间来弥补早上迟到的时间。我为小高的父亲所做出的努力而欣喜、感动。与此同时，他却给我出了个难题——他希望我能帮助他做通小高外公外婆的思想工作。因为小高从小在老人身边长大，老人怎么都不肯放孩子走。这真是个严峻的问题！小高的外公几乎每次来学校都会与老师甚至校长“交战”，要说服这样一位老人，我一点把握都没有。但是为了小高，我决定拼一把。也许是因为和学校老师打交道有过太多不愉快的经历，小高的外公一见我就满怀警戒。为了让老人放松，我把他请到了图书馆，那里空间开阔，安静舒适。在奉上一杯热茶之后，我笑容满面地说："今天请您来，就是想向您汇报一下从开学到现在，我针对小高开展的一系列工作，同时也想听听您对我的工作的意见和建议。"在听完我的这段开场白之后，老人的神情明显松弛了许多。接下来，我详细讲述了小高在学校的行为、造成的后果、我的应对措施、对孩子的教育规划以及转变孩子的信心。整个过程，老人都安静地听着。正当我想分析原因，引导他找出自身教育的不足时，老人深深地叹了一口气，很认真地对我说："李老师，其实我不是不知道孩子的问题，也不是不知道很多原因在于我，但是我就是听不得别人把我的外孙说得一无是处。"我在对他表示理解的同时，真诚地告诉他我看到了小高的很多优点，但同时也分析了小高的不足，劝他为了孩子的将来暂时放手，让小高父母接管，尝试采用新的教育方式，看看是否会有成效。也许是我的真诚打动了他，老人终于同意了。解决了小高家庭中的这个重要问题，接下来我就要对小高进行转变了。

首先，我利用他爱读书的特点，经常向他介绍我读过的好书，并且承诺只要他遵守纪律，我就把书借给他看，让他不断体验遵守纪律带来的阅读乐趣。我还坚持每天找小高谈心，帮他做总结，并尽量放大他的优点，指点他改正不足。对此，我还制订了奖励措施：如果他每天的进步多过所犯的错误，就能获得1颗星，积累到30颗星，就送给他一本他喜欢的书。这两项工作开展后，小高的自律意识明显增强了；师生之间通过不断交流，也增进了情感和信任。其次，我发现他对绘画、音乐等都有着浓厚的兴趣，便鼓励他参加兴趣班，让他体验到成就感。这成功地转移了小高的注意力，他违反纪律的行为明显减少了，但还不足以彻底改变他多年形成的不良习惯。我还需要彰显小高的优点，让他融入集体中去，有存在感和满足感，以实现"自律"与"他律"相结合，争取达到最理想的效果。于是，我利用班级开展的读书分享会这个平台，给小高提供展示自我的舞台。每当学生被他精彩的介绍和感悟折服时，都会报以热烈的掌声。这让小高感受到了更多正面、积极的关注，体会到了前所未有的成就感和满足感。就这样，小高在掌声中不断进步，在担当中不断成长。

时至今日，他的进步非常明显，不但改掉了打架、乱丢垃圾、上课捣乱的毛病，还积极参与班级的各项活动，俨然成了班级新秀。教师节，我收到了一张小高的卡片，上面写着：老师，您是我的圆梦巨人。

那一刻，泪水决堤，心被填得满满的，感动之余，也有感怀！孩子，你可曾知道，其实，你也圆了老师那一度搁浅的教育之梦！

问题与对策

班主任工作中的难点就是对像小高这样的行为有偏差的学生的引导和转变。怎样顺利转变这类学生几乎是每个班主任都会遇到的问题。我主要从以下三个方面采取措施，收到了显著的成效。

1. 家校合作是前提

家庭是孩子的第一课堂，家长是孩子的第一任教师，也是孩子的终身教师。因此，家庭教育是孩子能否成才的关键。作为班主任，必须详细了解学生的成长环境，与家长多沟通，找到引发孩子行为偏差的症结，提供有针对性的合理建议，并在获取家长信任的基础上，有计划、有策略地共同教育，家校合作，更好地引导学生。

2. 教师的重要影响

学生年龄尚小，认知系统没有完全发育成熟。教师作为学生的重要他人，对学生今后的成长和人生道路的选择有特别重要的影响。“亲其师，信其道。”班主任要充分了解和爱护学生，尤其对于行为有偏差的学生，更要有耐心，工作要做得更细致到位，情感投入更真挚，而且要持之以恒，这样才能收到成效。

3. 因材施教，有的放矢

要想转变行为有偏差的学生，必须帮助学生进行认知重建。行为有偏差的学生往往因为自身的行为导致其他同学不认同他们，出现交往障碍，从而导致不正确的自我评价和更加错误的行为习惯。帮助他们重新认识自我，树立信心，做出正确的自我评价，是班主任的首要任务。班主任要针对学生的特点，有意识、有针对性地发掘其优势，因材施教，让学生感受正向积极的关注，这样才能事半功倍，收到理想的效果。

感悟与反思

作为一名班主任，遇上比较特殊的学生是必然的。像小高这样的学生，在我的执教生涯中还会不断出现。调皮的小高，看似冥顽不灵，实则内心细腻敏感，只是由于错误的意识和行为没有得到及时引导和纠正，家庭教育方式又不当，造成他缺乏自我约束和自我追求的情况。教导这样的学生，我们要有更多的耐心，要有坚持不懈的恒心和源源不断的爱心。每一个学生都有被关注的需求，对于小高和许许多多像小高这样的学生，我们一定要静心观察，找准实施教育的突破口，用“放大镜”发现其优点，以期能够达到以点带面的效果，帮助学生完成蜕变，化茧成蝶。

作为一名班主任，我们需常常提醒自己调整心态，抛却功利之心，给每一个学生留以尊严，让他们在潜移默化中学会自尊，学会自爱，进而敬人、爱人；让他们在成长旅程中铭记快乐，忘掉烦恼，修正错误，找到正确的方向。每一个调皮的学生都是为了提醒我们曾经的梦想，把他们看成一块块璞玉，不断打磨、精雕细琢，让他们展露天资；同时我们也在不断被打磨、被精雕细琢，然后重放异彩！

愿每一位教师都能成为学生的“圆梦巨人”“人生伯乐”，让学生的成功成为我们的职业幸福，让教育的力量滋养我们的心灵，让重拾的信念积淀我们的人生。

水火也能相容

——如何让个性相反的学生和谐相处

深圳市罗湖区螺岭外国语实验学校　李林全

案例呈现

水火不相容，人人皆知，当水遇上火，那就是一场无休止的对抗。而这样的对抗却频繁地在我的班级上演。在我的班级里有两个男生，小A情感细腻，极容易被感动，也极容易被伤害，无论大事小情总喜欢和老师报告；另一个男生小B则性情火暴，如一团烈火，好动，爱与同学们开玩笑，有时也爱欺负女生，经常遭到其他家长的投诉，虽然他明知有的行为是错误的，但就是无法控制自己。

这两个孩子下课爱在一起玩耍。不过，只要他们俩在一起，就免不了闹矛盾，小A每天都会跑到办公室委屈地向我哭诉。起初，我听了他哭诉的理由，真是觉得他有点小题大做，如“老师，小B拿我铅笔!”“老师，小B抓我衣服!”……面对这样的情况，我只是耐心地扮演着倾听者的角色，同时教给他一些与朋友相处的方式，让他学着自己独立地解决问题。但他还是喜欢到办公室找我哭诉，不过，这孩子只要在我这哭诉完，就能立马乐呵呵地离开。后来，因为他来办公室的次数太频繁，严重影响到了老师们的办公，我只好限制他打小报告的次数，直到有一天，我才发现问题的严重性。

“老师，不好了，小A要跳楼了!”一个学生匆匆忙忙地跑来告诉我。我心里一惊，马上向班里跑去，看到他把脚架在走廊的栏杆上，旁边有同学正劝着他。一看到我，他就停止了危险动作，含泪跑过来向我喊道：“我不活了，这个世界为什么这么无聊，为什么小B总是和我作对，为什么我的爸爸妈妈总是对我这么凶……”从他的话语中我突然意识到，导致他经常伤心落泪的还另有原因。我牵着他的手回到办公室，耐心地询问他发生了什么事情，原来下午妈妈又对他发脾气了，再加上和小B发生了矛盾，才导致了这次事件。

孩子的生命可不是能开玩笑的，我意识到孩子长期以来的行为背后存在着严重的问题。当天，我联系了小A的妈妈、学校德育处和心理咨询室。经过多方会谈，最终弄清了孩子行为背后的原因。小A的爸爸妈妈工作忙，对孩子的期望很高，孩子每天一回家就被逼着写作业。只要小A表现不好，他的妈妈就会用极端的恐吓方式吓唬他，渐渐地，小A就跟妈妈学会了用这种极端的方式吸引大人的注意力。这时，妈妈才意识到自己的行为已经给孩子造成了不良的影响，于是决定改变教育方式，学校也进行了跟踪研究。

慢慢地，小A开始有了改变，但长期以来形成的习惯不是一下子就能改变的。小A与小B的关系并没有得到明显的缓解，不过小A一哭二闹三上吊的情况比以前减少了许多。

这次，我把目标瞄准了小B，和他讲道理，小B都能理解，也能虚心接受，但只要和小A一起玩，矛盾还是时有发生。小B除了有点调皮外，其他方面表现都很好。他还是个小暖男，看我渴了，会给我送水，看我趴在讲台上休息，怕我着凉，会将自己的外套脱下给我披上。一日，我突发奇想，既然小B那么喜欢我、尊敬我，何不和他签订一份“期待的约定”来约束他呢？我精心设计了表格，上面填写了对小B的要求，并承诺只要他能坚持一周做到友善待人，我就和他共进午餐。小B一听，心中大喜，承诺一定能做到。果然，那一周，我没听到小A的投诉，生活平静了很多，小B也如愿以偿和我共进午餐。他又开始期待我和他的下一次约定了，这次我把约定的时间拉长，从一周到两周，再到一个月，他真的能坚持吗？

这个过程是漫长的。有一天，小B实在忍受不了小A的行为，和小A大吵了一架。这次，我决定不再容忍他们俩之间的闹剧，平时他们俩闹矛盾都是我安慰小A，这次，我让小B去安慰，什么时候安慰好小A，我们的约定什么时候再继续。那天，我看到小B放下了架子，一次次地向小A道歉，一次次地问小A疼不疼，小A第一次见小B这样，很享受、很神气地坐在那儿，可眼泪却一直没停。因为安慰不好小A，小B自己也哭了起来，最后还是由我出面处理了这件事。

不过，从那以后，小B似乎知道了平时的行为带给了我多大的麻烦，他渐渐地学会了控制自己的情绪，每当想发脾气时都记着我教他的三个妙招：第一，深呼吸；第二，想一想我们的约定；第三，想想欺负同学的后果。再后来，小B再也没有和小A发生过太大的矛盾，我也很少再看到小A的眼泪，微信朋友圈里，我也常常看到他的父母带他去郊游的照片……

两个人曾经是那么得难以容忍对方，现在，他们和谐地相处在一个大家庭里。这个困扰了我近一个学期的问题，终于得以解决。

问题与对策

面对因学生个体差异引起的矛盾冲突，班主任该如何处理？

随着生理、心理的发展，中、高年级的孩子在人际交往过程中往往很容易出现问题。这些问题很大程度上是由孩子的个体差异导致的。而导致个体差异的具体原因可以从以下两个方面来分析。

1. 先天因素

古希腊著名医生希波克拉底早在2500多年以前，就根据自己的观察将人的气质划分为胆汁质、多血质、黏液质和抑郁质四种类型。不同气质类型的人的为人处世的方式、性格特征都由一定的先天因素所决定。一般情况下，男生通常表现出比较刚强、直率、不拘小节的性格特点；而女生则表现出比较柔弱、温文尔雅、注重细节的性格特点。随着时代的发展，在家庭、社会因素的影响下，有些男生、女生的性格出现了较大的转变，由此导致的个体差异更为明显，引发的矛盾冲突也更为激烈。

2. 后天因素

造成孩子个体差异的后天因素主要来自各自的家庭环境。例如，上述案例中，小 A 经常打小报告，喜欢用极端的方式吸引班主任注意力的行为，是他在家里缺少父母的关爱，并且父母在处理孩子的教育问题时，毫无顾忌地用极端的方式刺激孩子所导致的。父母是孩子的第一任老师，父母的言行直接影响着孩子，家庭教育的缺失或不当，会直接导致孩子的行为发生偏差。再看小 B，他并不是一个道德败坏的孩子，他“欺负”同学的行为，不过是恶作剧罢了。从小 B 的家庭教育情况看，他是属于典型的被溺爱的孩子，这类孩子不缺乏父母的关爱，他们的内心充满了强大的力量，在被爱的同时却不知道该如何去爱别人，总是以自我为中心，从而容易伤害他人。

根据以上的分析，要想解决因个体差异引发的矛盾冲突，就需要制订个性化的教育策略，可以从以下四个方面来逐步解决问题。

1. 以改变自我代替改变他人

同学之间发生矛盾时，总是习惯于指责对方，很少有人能够先从自身寻找问题。在向班主任寻求帮助时，想的更多的是，希望班主任惩罚对方，以改变对方的不良行为。事实上，任何冲突的发生，双方往往都存在一定的过错。因此，面对这种情况，班主任应该让学生先从自身找问题，并想办法解决自身的问题，这样才能有效避免下一次矛盾的发生。

2. 以角色易位代替说教

问题发生后，很多班主任都会让学生好好反思事件导致的后果有哪些。如果学生不明白，班主任就要一点一点地分析给学生听，且不说班主任说教辛苦，学生也不乐意听，这样的德育效益是低下的。如果能让学生切身地体会到自己的行为究竟造成了怎样的后果，他们就能真正认识到自己所犯错误的严重性。所以，我们可以采用同伴之间换位思考的方法，也可以让学生和班主任互换角色，如上述案例中的小 B 正是体会到了班主任处理问题时的棘手，才明白自己的恶作剧给别人添了多大的麻烦。

3. 以目标激励代替惩罚

教师通常会用惩戒的手段来规范学生的不良习惯。当传统的惩罚方式让学生感到反感、无所谓时，班主任不妨采用目标激励的手段，调动学生改正不良习惯的积极性。要改变学生的不良习惯是需要时间的，班主任可以利用“登门槛效应”，逐步帮助学生改变过去的不良习惯。

4. 以家校联动共促学生发展

学生形成不良行为的最主要原因还是在家庭，因此，要解决因学生不良行为导致的矛盾冲突，很大程度上需要家校配合。针对学生在校所反映出的问题，班主任要及时引导家长改正不正确的教育方式，给孩子树立良好的榜样，成为孩子成长路上更好的陪伴者和引路人。

感悟与反思

1. 培养学生完善的性格品质，以更好地适应未来社会

学校就是一个小型的社会，我们的基础教育除了要教会学生基本的知识技能，更重要的是要教会他们做人做事的基本准则。校园里学生之间的矛盾冲突时有发生，每一次矛盾冲突都能反映出学生在性格、品质上的偏差，而班主任就肩负着完善学生性格、品质的使命，在学生犯错时，要引导他们，努力让他们在校园里形成正确的价值观，以便更好地适应未来的社会。

2. 让学生的自我教育解放班主任的工作

处理学生之间的矛盾时，班主任要像法官、警察一样，调查事件，判断事情发生的缘由，然后做出结论，调解双方矛盾，这往往会耗费班主任大量的时间和精力。如果能够实现让学生进行自我教育，发生矛盾时，让他们自我分析、换位思考、自我惩罚等，班主任的工作就能轻松很多。

以“学”代“管”促提升

——如何转化并重塑班级中的“淘气包”

深圳市坪山区汤坑小学　卜文静

案例呈现

我刚刚接手新班还不到一个星期，小天就深深地烙印在了我的脑海中。据说在二年级的时候，他“淘气包”的“名声”就已经令大家如雷贯耳了。班主任几乎每天都能接到老师和同学们对他的投诉，实在是让人头疼。

即使在班主任的课上，小天也不消停。今天课上听写词语时，他面向后方，趴在椅背上，准备跟他的“老搭档”聊上几句。我努力用温和的语气跟他说：“小天，你要每节课都让老师说你吗？这样好不好？你认真听写，老师奖励你巧克力糖。”只见他仍然是一副不屑一顾的样子，很不情愿。不过，他还是老老实实地坐好，拿出本子来听写。虽然有很多词语不会写，但只要他不再扰乱课堂纪律，我就谢天谢地了。我还及时表扬他：“小天，表现不错，很乖，即使写不出词语，也能安静思考。”看他的眼神，没有任何回应我的意思。我先按兵不动，观察观察再说，毕竟是刚刚接手这个班。

随着时间的流逝，我和学生们慢慢熟悉起来。我发现，小天每次上课都不消停，即使是坐在第一排，也不把老师当回事儿。或许是要探探新老师的底线，他手里总是拿着小玩具、笔、文具盒等在玩，凡是可以拿到手的东西都成了他解闷儿的玩具。对于老师讲的课，耳不听、眼不见，一副无所谓的样子。特别是那“犀利”的眼神，让人很容易想起他就是那“江湖”中人，充满了挑衅的意味，让我忍不住想发火。可转念一想，大发雷霆也解决不了问题啊，有没有更好的办法呢？细细思量，计上心头，我决定给他安排任务，好好锤炼锤炼这块“钢铁”。

这一天课上，我让大家齐读课文《小摄影师》。孩子们读得有气无力，没办法，我只好亲自范读。我读一句让学生跟读一句，即使这样效果也不是很好。突然，我心生一计，让小天领读，岂不是既省力，还能管住这小“淘气包”。果然，小天一口答应，开心得不得了。他乐不颠儿地跑上讲台，摇头晃脑地读起来。没想到，小天读得感情还很到位，虽然有的地方发音不准并且有错字、漏字现象，但我还是针对他的优点及时进行了表扬，如声音洪亮、有味道、有节奏等。听到我的夸奖，小天歪着脑袋看着我，开心的脸上露出两个可爱的小酒窝，随即又低下头。孩子，就是孩子啊！

课文《小摄影师》中有这样一句话：

高尔基走到窗口，大声喊道：“孩子，回来！我给你胶卷，我这儿有很多胶卷。”

我随机指导：“小男孩，他作为一名少先队员，内心感到特别自豪，办墙报需要一张高尔基的照片做材料。你想啊，是不是随便谁都能给高尔基拍照呢？不是。小男孩特别聪明，悄悄地扔一个纸团到高尔基的屋子里说明来意，这才得到照相的机会。进屋之后，把相机‘摆弄了很久很久’，花费好长时间，找好拍摄角度，调整镜头高矮，注意自己的站姿，前面看看后面看看，你看小男孩花了多少心思啊！突然发现相机里面没有胶卷，也许是他离家的时候，想到要采访高尔基就特别兴奋，忘记了给相机安装胶卷。是啊，他只是一个小孩子啊！还只是一个少先队员啊！没有胶卷，对小男孩是多么大的打击啊！他肯定感到十分羞愧，感到十分着急，所以不顾一切地跑了出去。他一边跑一边哭，心里得多难受啊！小天，你能体会吗？”

这时候，我看见他的眼睛里快速闪光，好像是被尘封多年的一块宝贝终于露出自己的光芒。他微笑着不断向我点头。

“小天，你能为我们表演一下吗？请你试着体会小男孩的心理，顺着高尔基的步伐‘赶紧站起来’走近那个窗口，去喊一喊那个离开的哭泣的小男孩。”

小天顺着我手指的方向，走到教室窗户边，假装看着外边，声情并茂地喊出：“孩子，回来！我给你胶卷，我这儿有很多胶卷。”

大家看了小天的表演，顿时爆发出热烈的掌声。这时候，有几个顽皮的男生也跃跃欲试，纷纷举手要求上来表演。一时间，课堂气氛变得活跃起来……

下课后，小天凑到我身边，说：“老师，我帮你搬作业。”看着他洋溢着热情的脸蛋，我开心地说：“好啊，谢谢你！你能遵守上课纪律，老师天天请你帮忙！我还想让你担任小组长，帮我收作业。在班级管理方面，你要多多出力啊！”我的鼓励让小天的心里像喝了蜜那样甜，他的脸笑成了一朵花，他忙不迭地点头。

在学习“语文园地”中有关十二生肖的传统文化时，结合班主任工作中布置板报的需要，我让孩子们制作手抄报，要求作品要赏心悦目。这次板报布置活动我交给小天来负责。从安排作业、小组展示、板报张贴到活动宣传等，这个“淘气包”忙得不亦乐乎，整天想着各种工作方案，找组长、找班主任商量定稿，一切都顺利协调。“用”好“淘气包”，他们还真的会给你惊喜呢！

问题与对策

班级中的“淘气包”是班主任工作的“重点”和“难点”，是我们教育、培养的对象。那么，究竟应该怎么做才能使班级中的这些“淘气包”转化并让他们重塑自我呢？

1. 优化课堂，学文化知识

班主任要结合所任教学科的特点，创设情境，激发每个学生的积极性和主动性，把“淘气包”带入课堂，让他们不知不觉融入课堂，转移他们的注意力，引导他们把时间和精力都用在学习上，逐步养成遵守课堂纪律的习惯。根据小学生特别喜欢玩游戏的心理，教师可以在课堂教学中引入游戏、课本剧表演等，让“淘气包”们尽情展现自己天真可爱的一面，让他们在快乐中学习，充满自信，助力成长。

2. 组织活动，学待人接物

要让学生学会待人接物，就要依据儿童心理发展的规律，组织学生乐于参加的、贴近他们实际生活的课外活动。班主任要学会开发教育资源，多鼓励学生看书，多举办一些图书角和室外竞赛活动，让学生学会倾听与交流，学习待人接物，学会换位思考。

3. 鼓励评价，学自我管理

“淘气包”的习性往往不是短时间形成的，他们通常得到的都是一些负面评价，时间一长就容易形成破罐子破摔的心理。从心理学的角度讲，他人的评价在无形中会让他们给自己定位为“淘气包”，加之学习落后又喜欢“捣乱”，所以就顺其自然地“一淘到底”。

要想使“淘气包”发生转变，就需要教师给予他们更多的鼓励性评价，引导“淘气包”学会自我监督管理。小学生作为未成年人，需要教师和家人给予特别的引导与督促。依据弗洛伊德三重自我人格理论，我们可以鼓励性评价让学生懂得遵守班规、校规，控制潜意识里“本我”任性的一面，发挥生活中“自我”优秀的一面，实现理想中“超我”理性的一面。

鼓励性评价是学生前行的“导航仪”。一是注重评价形式的多样化。可以是口头的表扬、一个微笑、一个拥抱等，看似无足轻重，对学生而言都意味着自己的努力付出有所收获，学习上有了真正进步。二是注重评价主体的多元化。应打破教师评价主体的一维性，构建教师评价、学生之间评价、自我评价、家长评价等多元评价体系。让“管”成为一杯甜甜的蜜，助力学生成长。

班主任还要抛弃对这些学生的错误认识，探寻科学合理的教育途径，从他们产生问题的根源入手，去了解每一位学生，帮助他们认识到自身的错误，带领他们共同前进，健康成长。

感悟与反思

互相尊重是建立良好人际关系的基本原则之一。教师要尊重每一个学生，特别要尊重他们的人格。无论是安排班级事务，还是在课堂教学过程中，教师都要平等对待每一位学生，让他们感受到教师发自内心的关怀与爱，促使他们积极进取，热爱学习，提高自身综合素养。

1. 以人为本，付出师爱

教育是心灵的艺术。教师教育学生，首先要与学生之间建立一座心灵相通的爱心桥梁。学生是活生生的人，因此教师的教育过程不能仅仅是一种技巧的施展，而应是充满了人情味的心灵交融。心理学家认为，爱是教育好学生的前提。对于小天这样的学生，我主动亲近他，以关爱之心来触动他的心弦，用爱去温暖他，用情去感化他，用理去说服他，从而促使他主动地认识并改正错误。

2. 以生之助，友情感化

同学的帮助对“淘气包”来说，是必不可少的，同学的影响力有时会胜过教师的影响力。同学之间一旦搭建起友谊的桥梁，他们之间就会无话不说。绝大部分学生不喜欢教师过于直白的教育，尤其是教师批评他们的时候太严肃让他们难以接受。因此，我让小天从与其他同学交朋友做起，和成绩优异的同学坐同桌，让他感受到同学对他的信任，感受到同学是自己的益友，感受到同学给自己带来的快乐，从而让他在快乐中学习、生活。

3. 因材施教，循循善诱

“一把钥匙开一把锁。”每一个学生的实际情况都是不同的，这就要求班主任要深入了解学生的行为、习惯、爱好及其“淘气”的原因，从而确定行之有效的教育策略，因材施教。小天的情况比较特殊，主要的问题是自制力差，对自己的错误、缺点认识不足，对老师的批评教育存在厌恶、抵触心理。因此，我就以爱心为媒，与他谈心，与他交朋友，帮助他认识到自身的不足，产生做个好学生的念头；充分发挥同桌的力量，安排责任心强、学习成绩好、乐于助人的同学和他坐一起，给予其学习和思想上的帮助；自己当面批改他的作业，让他感受到老师对他的关心、重视……用关爱唤起他的自信心、进取心，使之改正缺点，然后引导并激励他努力学习，从而成为品学兼优的学生。

总之，对待“淘气包”，我们要尊重他们的人格，要看到他们身上的闪光点，促进其自我转化。同时，我们也要认识到，“淘气包”的转化具有长期性、艰巨性、挑战性，要加强对“淘气包”的指导，保证转化工作顺利完成。

一纸信笺，沟通无限

——师生情感交流的绿色通道

深圳市福田区福强小学　刘杏平

案例呈现

刚接这个班时，一个胖乎乎的男生就引起了我的注意，他个子不高，圆圆润润的，且让我称他为“小润”吧。

小润言语不多，脸上总是挂着微笑，上课专心听讲，回答问题积极，正确率也高，一看就是一个学习不错的乖孩子。可是没过多久，我就发现了一些问题，小润的作业总是少做、漏做甚至不做。这怎么行？我得找个机会跟他好好谈谈。

一天下课后，我在讲台上收拾教具准备离开教室，他正好从我身边走过。

“小润——”我赶紧趁机叫住了他。

他停住脚步回过头，嘴角向上扬了扬，冲我浅浅地微笑。

“你上课表现好棒哦！专心听讲，积极回答问题，老师真为你高兴！”小润听着，嘴角扬得更高了。

“可是——”我话锋一转，“老师发现，班务日志上没有完成作业的名单上总有你，这是怎么回事呢？”他低下了头。

我顺势跟他讲道理，向他提出了几点要求。不知是面对新老师的原因还是因为他个性羞怯，只见他身子时不时扭动一下，时而低下头去，时而又抬起头来，眼睛看看这边看看那边，一不小心视线跟我对上了，立即像触了电一样别过脸去。看到他一副貌似漫不经心而又局促不安的样子，我伸出双手轻轻地握住他的两只手，安抚他不安的情绪。正当我准备把刚才的几点要求再说一遍的时候，上课铃响了，我只好作罢，让他先准备上课。

我回想着刚才小润拘谨的样子，也不知道他有没有把我的话听进去，如果下次再找机会跟他谈，也不知道能不能取得预期的效果。多年的班主任工作经验告诉我，与学生当面谈话总是面临着两个问题：一是时间仓促，二是学生要么表面顺从内心抗拒，要么由于羞怯或不善表达，导致沟通不畅或者反应过激，结果就是当面教导收效甚微，甚至适得其反。

既然天时地利人和的面谈可遇不可求，为什么不尝试通过书信的方式以求殊途同归呢?

我决定给小润写一封信。

因为是写信，时间充裕，所以我结合谈话内容和小润的个性仔细斟酌，精心遣词造句，动之以情、晓之以理，最后又一条一条地列出要求，让他每天对照要求检查自己。

放学的时候，我把信交到他手上，简单叮嘱了一番，并让他把里面的要求誊写一份贴到家里的书桌上，每天提醒自己对照检查。

之后，我每隔两三天就给小润写一封信，时而表扬鼓励，时而提醒鞭策，小润的作业情况渐渐有了改善，更重要的是我明显感受到了我和他之间的心理距离拉近了很多，他也乐于和我交流了。没想到的是，我们俩这样的交流方式让其他学生又好奇又眼馋。于是，我干脆购买了一个信箱，在信箱上贴上“心语信箱”四个字，把钥匙交到一名班干部手上，由他负责每天放学时打开信箱，将信件分发给老师和同学。

就这样，我每天选择班上的两三个学生跟他们用书信传心语，有时是一封信，有时是一张明信片，都小心翼翼地装进信封，投到“心语信箱”里。班上四十多个学生，基本上两个星期下来就能轮一遍。慢慢地，学生们从开始试着给我回信，到主动给我写信，再到主动给其他任课教师写信，给自己的好朋友写信，给爸爸妈妈写信，甚至连其他任课教师，还有家长，也被带动到书信传心语的行动中来。

如今，大家每天最期待的就是下午放学打开“心语信箱”的时刻。收到信的学生满心欢喜，迫不及待地拆开信封，小心翼翼地展开信笺，把老师写的话读了一遍又一遍，或沉思，或欣喜，更有兴高采烈者不停地说着回去要如此这般地给老师回信。看着他们的兴奋劲，没收到信的学生也很快就加入到他们的讨论当中：还有什么可以和老师分享呢？有什么烦恼要倾诉呢？有什么好点子可以让老师惊喜呢？是不是可以试着给正在闹别扭的好朋友写封信呢？要不要给爸爸妈妈也写封信，让他们知道我的真实感受和想法？……

问题与对策

“亲其师，信其道。”融洽互信、和谐互爱的师生关系是教育成功的前提。班主任日常工作繁忙，和学生个别面谈的机会不多，效果也相对有限。那么，可否用书信这种看似传统的方式来搭建教师与学生甚至和家长之间的沟通桥梁，为情感交流另辟绿色通道，提供更为顺畅、有效的互动平台呢？答案是肯定的。书信作为千百年来人与人之间重要的沟通方式，虽然不如面对面谈话来得方便快捷，且逐渐被今天的电话、微信、QQ 等即时通讯方式所取代，但是它在班主任管理工作中，相较于面对面谈话的方式而言，依然有着难以取代的优点。

首先，书信不像面对面谈话那样受限于特定的时间和空间。校园里师生之间面对面谈话需具备共同的时间和空间条件，在短暂的课余时间里难以保证，彼此沟通自然受阻。而书信沟通方式显然要灵活自由得多，完全可以各自选择适合的时间、地点进行。

其次，书信沟通可以有充足的时间推敲斟酌，选择适合的表达方式，精心组织语言，从而可以在很大程度上避免面谈时的词不达意或表达尴尬，自然更有利于拉近师生之间的距离。书信沟通既能让不善言辞或羞于表达的学生畅所欲言，更能有效避免可能出现的抵触情绪或冲突。尤其是面对一些棘手的问题或者时机、场合不太适合的时候，如果将学生难以接受的批评或建议通过书信与学生沟通，让其在心情平复的情况下主动阅读，细心领悟，他们可能会更乐意接受。如果学生乐于以书信回复、沟通，那么对解决问题也会更有效，而且书信可以反复阅读体会，可持久保留，教育效果也能更持久。

再次，书信沟通在情感认知、心理调节方面有着更为独特和良好的效果，就如同写日记。大家知道，从情绪感受到口头表达再到文字表述，是人们对自身情感认知的一个不断升华提炼的过程。通过写日记或书信，以文字的方式进行宣泄、释怀、领悟，学生能更深切、更客观地感知自己的情绪，了解自己的性格，在接纳自己不足的同时做出积极的改变。在班主任管理工作中采用这样的沟通方式，既有助于学生心理的健康成长，又能让教师、家长更加全面地了解学生。

教育时机不可贻误，一旦错过，教育效果亦大打折扣。因此，一旦正常的谈话教育方式遭遇困境，书信沟通就显得尤为必要和迫切。此时，教师可以把对学生的殷切期盼和无尽关怀倾注笔端，借用文字的力量，以平等、和善、诱导的方式，因材施教，让学生在关爱中明事理、辨是非，求真、向善、寻美。

感悟与反思

正如雅斯贝尔斯所说："教育是人的灵魂的教育，而非理智知识和认识的堆积。"灵魂教育的根本是基于爱的人性化教育。书信教育的本质和其他教育方式一样，其成功与否取决于爱和人性化，而非单纯的心理技巧和沟通手段。这就要求教师给学生写信必须用心、用情，要精心准备，因材施教，万不可流于形式、简单应付。

首先，要多使用鼓励性和期盼性语言营造轻松的沟通氛围，如"你一定能行""我相信你""我希望你能做得更好""你一直很棒"等。

要慎用如“你必须”“你应该”等居高临下的生硬词汇，忌用“谁都比你好”“看看有谁像你这样”等伤自尊心和责骂的话语，以免对方滋生敌意和抵触情绪。教师不妨以朋友的姿态，持同理心，与学生平等和善地交流。只有当学生真切感受到教师对自己的关怀和爱护，在教师的嘉许和鼓励中体验到被信任、被接纳的快乐，才会乐意听从教师的教导并付诸于行动，从而努力自我提高。

其次，要做个有心人，勤于笔耕，提高文采。平时多观察、了解学生喜爱的文体、综艺等方面的信息，知其喜好和想法；善于从学生的角度用学生喜闻乐见的方式表达；写信时字迹工整，版面活泼，忌语言刻板、生硬和说教，一句朴实的话语，一幅有趣的插画，都能成为一封封饱含深情、倾注关爱的书信……

再次，书信教育要选择适当的时间点，做到及时、有效。比如，接手新班、新年、开学、重要活动或事件（如运动会、升学考、期考）前，或者是在出现严重问题或共性问题时，书信教育既要做到及时预防，又要做到及时纠正。

最后，因材施教，做到有针对性。人性化教育强调人的全面发展，注重人的个性完善。针对不同性别、不同个性、不同成绩、不同家庭的学生，写信时要采取相应的不同的语言风格和表达方式，充分尊重学生、理解学生，接纳学生的个体差异性，切忌“一刀切”，更不能引发学生的误解。

班主任工作是一门艺术，魏书生老师说：“因为它是艺术，艺术就像花朵一样。世界上不能只有一朵花，一朵花开决不是艺术，而应当有多种形式的花。教育应该是各种形式，各种方法，都在竞争，都在开放，这才是大好局面。”回首这几年与学生的沟通经历，我感受到我与学生的心理距离更近了，班级管理越来越有成效，而学生的进步和信任，班级凝聚力的逐步增强，就是最好的回报。而我也从书信教育中发现了自己的许多不足，促使我不断努力提升自己，在这个过程中我切实感受到了教学相长的乐趣。

镜子的魔力

——抓住教育契机，提高德育实效性

深圳市福田区皇岗小学　罗曦

案例呈现

只是生活中一面最普通的镜子，却让我和孩子们收获颇多。

那时我刚接手三（1）班，因为各种原因，这个班已经换了三个班主任，所以孩子们对我的到来并没有想象中的好奇与热情。一次语文课上，我正在讲台上讲授新课。一道亮光突然从眼前晃过。当时我并没有在意，但紧接着，又有一道光迅速晃过我的脸庞。我正纳闷时，一束刺眼的强光干脆停在了我的脸上，下意识地，我用手遮住了脸庞。就在我努力寻找光源的位置时，教室里沸腾了起来。

“老师，是小浩在玩镜子。”

“哈哈，小浩拿着镜子照老师的脸。”

我循声望去，坐在窗户边的小浩立刻将手缩回抽屉里，望着我，一脸诡秘的笑，一副得逞的样子。“好小子，又是你！课堂上不认真听讲，居然还敢挑战我的权威。”我心里愤愤地想，真想把他叫起来狠狠地批评一顿以发泄我心中的不快。但就在和小浩对视的几秒钟中，我发现他脸上的笑容渐渐消失了，大眼睛怯生生地看着我，好像我的表情让他有了几分畏惧。

我冷静下来，微微一笑，说：“原来是小浩想为我增添光彩啊！”教室里一片寂静，“那我先谢谢小浩了。”说着，我微笑地对小浩点点头，继续说道：“刚才小浩手中的镜子为什么能在雪白的墙壁上留下一道亮光呢？那是因为有了阳光的帮助。”我走下讲台拿起小浩手中的镜子，继续演示着，“镜子，表面光滑且能反射光线，镜子反射外面的阳光照在教室里的任何地方都会使得那里变得更亮，当然，也包括我的脸。”孩子们笑了，我偷偷地瞥见小浩长舒了一口气。那节语文课，我花了10分钟的时间和孩子们聊镜子反射光的原理，聊不同的镜子具有的不同的功能，从孩子们的掌声中我知道他们喜欢我讲的这些内容。

接下来，我便从镜子延伸开去。首先，开展“望远镜”活动。我和孩子们一起，根据班集体现状制订了班级目标，让每个孩子都明确了努力的方向。其次，开展“平光镜”活动。课堂上，我让每个孩子都对着镜子夸夸自己，在日记本上写下自己的优点，帮助他们建立自信，达到自我认可。再次，开展“放大镜”活动。通过周周小结、月月评比等措施，让孩子们看到自己的进步，实现自我管理、自我超越，逐步成长。之后，我们还推出了“显微镜”活动，给别人找优点，学会和不同性格的同伴相处；“太阳镜”活动，教会孩子们看淡成长路上的失败和挫折。有关镜子的系列活动拉近了我和孩子们的距离，并使我们乐在其中。

伴随着这一系列活动的开展，班级正悄悄地发生着变化：那个曾经调皮的小浩已经是班上的组织委员；默默无闻的小馨竟然告诉大家她要报名参加校艺术节的钢琴比赛；班里的各种工作井然有序地开展着；“文明班”的牌子周周挂在我们班门口……

一块普普通通的镜子竟然带来如此巨大的魔力，改变了我和三（1）班的学生们。愿镜子的魔力继续延伸……

问题与对策

课堂是班主任教书育人的主阵地。在这里，不时有意外事件发生，巧妙处理突发事件是我们应该具备的一种能力。面对一个树根，智者会将其变成一件艺术品，而愚者认为其就是树根，毫无价值。而智与愚的区别就在于是否拥有一颗爱心和一种发现美的眼光。苏轼曾说过："来而不可失者时也，蹈而不可失者机也。"只有将课堂上的突发事件转化为教育契机，及时捕捉到教育的切入口，有效利用教育素材和策略，才能更好地达到教育的目的。对关于镜子的这件事，我主要有以下几点思考。

1. 尊重

我们所面对的学生不仅是鲜活的生命体，还是一个个有思想、有情感、有自尊且正逐步走向独立的人。尊重学生，就是要维护学生的人格与尊严，而不能以讽刺、挖苦的语气训斥甚至体罚他们；尊重学生，就是要平等地对待学生，和学生保持真正的平等的关系，而不能以高高在上的态度、命令式的语气发号施令；尊重学生，就是要与学生真心交流，了解他们内心的真实想法，做他们的良师益友。

2. 理解

理解，是形成共识和情感共鸣的基础。而教师要做到对学生的理解，就需要理解学生的思想实际、心理实际和生活实际，热爱每一个学生，包容他们在成长过程中所做的每一件错事。当然，这种包容不是纵容，而是要委婉地、正确地对学生进行引导。作为班主任，我们要以博大的胸怀去包容每一个学生，让他们在教师的正确引导下慢慢改正缺点，健全人格，形成良好的心理机制。

3. 唤醒

教育的本质就是唤醒，班主任肩负着唤醒和引领学生的重要使命，只有在"以人为本"教育理念的基础上，在尊重、理解的基础上，才能用爱唤醒学生的心灵，照亮学生的天空。每个学生都有一定的潜能，都是一个发展中的独立个体，他们身上潜藏着极大的才能，这种潜能有待于教师的认识和挖掘。只要教育得法，就可以使他们的身心获得更好的发展，成为有才能的人。苏霍姆林斯基说："正像医生细心地研究病人的机体，找出疾病的根源，以便着手进行治疗一样，教师也应当深思熟虑地、仔细耐心地研究儿童的智力发展、情感发展和道德发展的状况，找出儿童在学习上感到困难的原因，采取一些能照顾个人特点和个别困难的教育措施。”班主任要有唤醒学生潜能的意识、眼光和能力，而唤醒学生潜能的根本就源自内心对学生的爱。

感悟与反思

1. 教育智慧是成长的目标

教育智慧不是与生俱来的，而是来自于自身的学习与反思。读书学习，是教师的思想之源、智慧之源。通过读书学习，我们可以了解最新的教育理念，掌握最新的教育方法，从而让自己的教育视野更开阔，教育方法更有效。孔子曾说“吾日三省吾身”。反思是对自我行为的一种审视、改造和重塑，可帮助我们实现教学的不断创新。教育智慧通常会在教育契机中体现出来。抓住教育契机，就可点燃教育智慧。课堂中的镜子事件，就是一个教育契机。我发现契机，抓住契机，挖掘镜子事件蕴含的教育资源，结合自己的教育策略，设计出“望远镜”“平光镜”“放大镜”“显微镜”和“太阳镜”一系列活动，在不知不觉中将教育内容植入学生心中，潜移默化，提高了德育的实效性。

2. 唤醒潜能是教育的追求

班主任要在工作中用爱去唤醒学生心灵深处的潜能，才能享受随之而来的幸福。从学生破坏课堂纪律的原因来分析，学生厌学是导致他们破坏课堂纪律的“罪魁祸首”。学习的知识吸引不了学生，学生在课堂上就不愿听讲，但他们又得乖乖地坐在教室里煎熬地度过每一节课，产生厌学情绪也就在所难免，而单纯的批评、压制治标不治本。所以，要想在课堂上让学生主动投入学习，激发他们的学习兴趣无疑是非常必要的。“问渠那得清如许，为有源头活水来。”唤醒学生的潜能，其实就是对学生心灵的唤醒。读懂学生既是唤醒学生的起点，也是唤醒 学生的活水源头。只有唤醒学生的心灵，才能激发他们无限的潜能，教育才有源头活水汩汩而流，我们的教育才能发展。

只要心中充满爱，人间处处是芳菲。有师爱才有尊重，有师爱才有理解，有师爱才有唤醒，有师爱才有一切的教育智慧。每个学生都是班主任最美的遇见，我们期待和每个孩子一起破茧成蝶！

别人班的“好孩子”

——尊重学生，公平赏识

深圳市福田区南华小学　李启凤

案例呈现

再过两天就要举行运动会了，这不，就算天气闷热，我们班和二班仍在操场上紧张地训练。孩子们跟着节奏原地踏步，挥舞着手中的道具。虽然旁边的我不停地提醒他们注意这、注意那，喊得口干舌燥，还是有孩子开小差。为了激发他们的斗志，我煞有介事地说：“二班的同学踏步整齐有力，我们要向他们学习哦。”话音刚落，刚才漫不经心的几个孩子快速地直起了身子。我暗自得意：果然别的班的“好孩子”疗效好！

可没一会儿，又有孩子不专心了，我故技重施，不停地表扬别班的好孩子，甚至拿二班来对比：“你们看，二班男同学笑得多甜呀！”“小智，你是怎么踏步的？脚抬起来，手摆起来！”……我越说越觉得别的班的孩子比自己班的孩子做得好，“你们就不能向好的看齐？你们比二班差，是吗？”突然，队伍中的小智停止了动作，站在原地一动不动，“怎么了？”我问。他不说话，气鼓鼓地看着我。旁边的同学说：“他生气了。”我又问小智：“为什么生气？你不知道现在在训练吗？”他还是瞪着我，不说话，我提高了音量：“为什么不踏步？”此时，全班同学都停止了动作，把目光转向我们。

为了不影响训练，我走到他面前，说：“好吧，请你出去生气，不要影响其他同学训练!”只见他把手中的道具用力往地上一扔，大步走出方队，说:“出去就出去!”一瞬间，我愣住了。这个平时听话懂事的小智，今天怎么如此气盛?我大声地警告:“给我站住，把道具捡起来!”此时的小智已眼泛泪光，站着不动，队伍中的小宇慢慢地举起小手，说:“老师，你表扬错了。”小智委屈地看着我，说:“你为什么总说我们做得不好，说二班好?我明明看到他们也有人没听指挥。”此时，同学们也七嘴八舌地说开了。

为了打破僵局，我结束了训练。把小智留了下来，和我一起走在队伍的最后面，我冷静地回忆了刚才发生的一切……

“我们能心平气和地谈一谈吗?平时你是那么的乖巧懂事，是老师得力的小助手。今天是怎么了?如果老师做错了，老师希望能得到你的原谅。你能和老师说说刚才为什么发那么大的脾气吗?”

小智收起了眼泪，告诉我二班学生训练的情况。他还注意到我们班有的同学一直都做得特别认真，却没得到我的表扬，而为他们打抱不平。

“首先，老师表扬你的细心，你观察得很仔细。仔细一想，他们班的确也有人没做好。但老师是相信你们能做得更好，所以只提出你们没做好的地方，希望你们能加强训练，没想到却忽略了我们班也有做得很棒的同学，如有很多同学为了整体效果及时调整自己的步伐，对吧?可是，你通过摔东西来表达你对老师的做法的不赞同，这种方式好吗?”小智也渐渐意识到了自己的问题。

回到教室，我在黑板上写了三个大字“谁错了”。全班50多双带着疑问的眼睛看着我。“针对刚才的事情，我们来模拟法庭判案吧，被告人李老师、小智，而在座的所有同学都是‘小法官’。请各小组针对刚才发生的事情，每个人都在组内发表自己的观点，说说谁错了。认为是李老师错了，请说出我的‘罪证’;认为是小智做错了，也请拿出证据来。”一下子，班级里像炸开了锅一般，孩子们热烈地讨论了起来。

看大家讨论得差不多了，我在黑板左右两边分别写上被告人的名字，转身说道:“好，讨论时间结束，请认为被告人李老师做错的学生站到左边，认为被告人小智做错的学生站到右边。”

孩子们纷纷寻找自己的阵营，而彤彤高举小手说：“老师，我认为两个被告人都有错，站哪儿呀?”

孩子们哈哈大笑，我说：“你有自己独特的观点，站中间吧!”于是有一群孩子跟着彤彤站到了教室中间，接着各阵营的孩子们井然有序地给我俩列出了各种具体的“罪状”。

“小智，你有什么需要补充的吗?”我问道。

小智摇摇头。

“大家把我们的‘罪证’都说得那么具体了，看来不仅老师做错了，小智也做错了，我们接受大家的批评。那你们能不能再给老师和小智一些建议以避免此类事件再次发生，让我俩成为我们班的好老师、好孩子呢?”

孩子们纷纷发言，我将孩子们的建议总结成五个字写在黑板上——有话好好说。

“作为老师，我先发言吧，感谢各位‘法官’及时给我们指出错误并提出中肯的建议，在此我向小智道歉，李老师考虑不够周全，对你大声说话了，你能原谅我吗? 我还要向努力训练、为班争光的各位同学道歉，李老师只看到了别的班的优点，却忽略了我们班也有非常认真的孩子，你们能原谅我吗?”

孩子们高兴地喊着：“能!”

小智涨红了脸，轻轻地说：“能。李老师，我刚才没礼貌，对您发脾气了，还摔东西，下次我再也不会这样做了，有话好好说，您能原谅我吗?”

“当然能，我们这算和好啦?”我笑着说，“能给我一个和好的拥抱吗? 让大伙儿羡慕羡慕我们的友谊吧!”

小智也笑了，点点头，扑向我怀里，其他孩子也冲上讲台把我俩紧紧地抱住。

问题与对策

如何让孩子“亲其师，信其道”呢？我想，尊重、民主、平等的沟通氛围，在班级建设中发挥着重要的作用。

1. 赏识要公平，批评也要公平

人性中最本质的需求是渴望得到尊重和欣赏，而赏识教育的特点就是关注学生的优点，通过不断放大学生的优点，让学生变得更加自信，更加相信自己是好孩子，从而强化学生的优点，使其变得更加优秀。但在运用赏识教育和批评教育时要注意公平，过度地赏识别的班的学生，可能会对自己班的学生造成很大的压力，引发学生心理上的不平衡。

2. 教师要有尊重、平等的意识

很多人认为要“尊师重道”，学生就应服从教师，学生被教师批评是正常的事情。其实，学生作为一个独立的个体，有自己的主见，也需要别人的尊重。只有教师尊重学生，学生才能更真心地尊重教师，才会自愿接受教师的教导，并达到事半功倍的效果。

3. 建立民主、平等的沟通机制

教师需要给学生成长的空间，班级中学生的问题由学生自己来解决，班集体的问题由班集体来解决，放手让学生去做，你会发现他们自己比你想象中的更加明辨是非。

感悟与反思

学生的心灵是敏感而脆弱的。崔永元曾说：“我请求各位教师手下留情，您不经意的一句话、一个举动或许会了断学生的一门心思，让他的生命走廊中少一扇窗户。”爱是尊重。作为教师，我要呵护学生那敏感而脆弱的心灵。许多事情就是这样奇妙，教师常常看似简单的几句话、一个坚定的眼神，或是一个会心的微笑，在学生看来就是赞同，是鼓励。正如苏霍姆林斯基所说：“成功的欢乐是一种巨大的情绪力量，是继续学习的一种动力。”我想，我们需要把赏识和批评变成一种看得见又摸得着的东西，让学生时刻感受得到，时刻督促自己努力去做好每一件事。

总是拿别班的学生的所谓的长处，作为一面镜子，来苛求自己班的学生，这是极其不妥的心态，也是学生最为反感的做法。因为每一个学生都是一朵独特的鲜花，他们都在按照自己的个性成长、成才，我们应该尊重差异，让学生自己跟自己比，让学生看到自己的成长和进步。

聊聊跳绳这件“小事”

——如何提升班集体的凝聚力

深圳市宝安区宝安中学（集体）外国语学校　李姮

案例呈现

新生刚入校，学校就以班级为单位组织跳绳比赛活动，并制订了一个月后举行跳绳比赛的细则。卓越（2）班的跳绳活动，也在我的带领下热火朝天地开展了起来。

第一周，我组织学生以个人为单位进行训练，进展顺利，虽然水平参差不齐，但每个学生都很努力，进步很大。第二周，为了增进班级内同学间的友情，让大家尽快熟悉起来，我把学生分为男、女两组进行跳长绳的群体训练。集体活动总是比较热闹，不时爆发出阵阵笑声，但我在这欢乐的笑声中感受到了更复杂的意味。女生小嘉，性格孤僻内向，不爱说话，身体协调性比较差，在集体跳绳的时候一直偷偷躲在树下，不肯参加跳绳。男生家豪，身材矮胖，虽然成绩很好，个性乐观，但在运动方面很没自信，每次都用哈哈大笑、故意扰乱跳绳秩序来掩盖自己不会跳长绳的尴尬。

我面带微笑对大家说；“小嘉和家豪在跳长绳方面有点困难，让我们先教会这两位同学，再继续集体训练吧。”接下来在对小嘉和家豪的“专项训练”中，他俩从一开始的不情愿、不配合，到在我的坚持下一遍又一遍地尝试，再到终于能够顺利跳过长绳；同学们也从一开始的旁观、忍不住发出笑声，到亲身示范、帮助他们找起跳的最佳时间点，再到他俩能跳过时的大声喝彩和鼓掌。经过几天的练习，小嘉和家豪终于能跟上整体的节奏，愉快地享受跳绳的乐趣了。

接下来，我在班级开展了一次题为“聊聊跳绳这件‘小事’”的班会课，首先展示了一系列班级跳绳的照片，学生们看着自己或同伴跳跃的瞬间，不由大声说笑起来。我制止住他们的说笑，问他们：“你们会跳绳吗?”学生笑着大声回答：“会!”我又追问：“跳绳难不难?”“不难!”“我们班还有同学不会跳绳，你会嘲笑他们吗？为什么?”我问到这儿，小嘉的头已经快钻到桌子里了，家豪脸上写满了紧张。家豪的同桌，经常和他讨论题目的子涵站起来说：“我不会嘲笑不会跳绳的同学，因为他们虽然在运动上暂时稍差一些，但是他们在其他方面一定有比我强的地方。”听了这句话，一向大大咧咧的家豪眼睛里竟然晶莹起来。我认真地看着他们：“在老师教个别同学跳绳的时候，我听到身后传来阵阵笑声，现在有没有哪位同学分享一下当时的想法和感受是什么?”同学们面面相觑，都有点不好意思，沉默了一会儿，小俊犹豫着站起来说：“老师，我确实笑了，但我不是嘲笑他，我当时只是觉得很有趣，刚才我想了一下，如果是我在学习跳绳而别人在笑，大概我也会认为是嘲笑，所以……”小俊挠挠头才咧着嘴继续说，“所以我以后都不会笑别人了!”大家都因为他的表情和语气笑起来，我也笑眯眯地说：“是啊，笑是我们人类独有的表达情绪、情感的一种方式，但是在不同的场合，面对不同的对象，笑声会有不同的意味，会给人带来不同的心理感受，我们作为共同学习、生活的伙伴，要尽量让每个同学感受到集体的力量和善意。”

接下来我出了一道题：“卓越（2）班＝52×____。”学生的想法天马行空，填了很多有趣的内容，最后，小嘉涨红着脸填出了完美的答案——“卓越（2）班＝52×每一个善良有爱的你”，获得了大家热烈的掌声。

一个月后的学校跳绳比赛，男生一致要求家豪必须参加，并且捧了团体第一名的奖杯回来。大家兴奋地抱在一起，脸上都绽放出了幸福而灿烂的笑容。跳绳这件“小事”，在卓越（2）班每个人心里，都不再是一件小事。

问题与对策

在刚刚组建的班集体中如何提升班级的凝聚力，这是每个班主任在开学“黄金第一月”要做的主要工作。

1. 关注每个“小透明”，重视每个学生在集体活动中的参与度

在一个班级中，教师的注意力往往在大多数人身上，学生的注意力往往在少数很优秀的同学身上，那些容易被忽略的“小透明”往往带着委屈，在班级无法找到价值感和归属感，也就谈不上真正的融入班级。作为班级工作的主要管理者，班主任要关注到每个学生的状态，尤其是交友状态，才能有效建立学生之间的良性同伴关系。

2. 巧妙化解“矛盾”

对于学生心理的疏导可以巧借同伴之力，教师恰当地引导，消除矛盾，达到学生间相互理解的目的，并通过更多更深入的交流，有效增进同学之间的情感。用情感维系起来的集体，比用制度维系起来的集体要团结得多，也温暖得多。

感悟与反思

在面对烦琐的班主任工作时，我们往往容易只顾解决眼前问题而忽略了其他。例如，班级跳绳考核不过关时，就只关注跳绳本身，而忽略了其中所蕴含的更为重要的同理心教育、人际交往教育、班集体凝聚力培养等问题。因此，在对班级中每一件“小事”的处理上，班主任都要慎重对待，妥善处理。德育过程是一个长期的、反复的、逐步完善的过程，这就要求班主任在工作中要关注细节，坚持不懈。

个体教育要和集体教育相结合。在对个别学生进行心理疏导时，可以借助集体的力量。尤其对于初中学生来说，他们已经进入了青春期，同伴引领的教育方式是非常有效的。例如，班级活动的团体赛，每个学生都有融入集体、获得认同的心理需求，这时同伴的认可和鼓励是非常重要的。同样的，在处理个性化问题时也是实施集体教育的好机会，在实施集体教育时，集体中的每个人都是被教育对象，都会有所收获和成长。

苏霍姆林斯基说过，只有能够激发学生进行自我教育的教育，才是真正的教育。针对学生存在的问题，不是进行直接说教而是让学生进行讨论反思，他们在自我反思中察觉到自身的不足，可有效实现学生的自我教育。例如，案例中那些旁观、发出笑声的学生在自我反思中就察觉到了自己行为的不恰当，既受到了教育，也培养了自查自省的能力，这样的教育是让学生受益终身的教育。

班主任作为班级的管理者、组织者、引导者，要保持细腻敏锐的内心，留意细节，抓住时机，运用教育智慧进行德育渗透。

我想和你一组

——让特殊学生自信、快乐地成长

深圳市福田区狮岭小学　高宏楠

案例呈现

“高老师，下周五就要开展秋季社会实践活动啦!”璐璐兴高采烈地对我说道。

“高老师，秋季社会实践活动什么时候分小组啊?”瑞瑞用期待的眼神望着我。

“高老师，秋季社会实践活动我要跟婷婷一组。”依依抓着我的手说。

每个学期，孩子们最期待的就是秋季社会实践活动，用他们的话说，就是“既能出去玩，还能拿积分换五班之星，太爽啦”!而跟谁一组则是顺利赢得五班之星的关键。这不，随着秋季社会实践活动的临近，孩子们早已按耐不住，纷纷来找我提前预定自己的小伙伴。但是，我却因为这一刻的到来而烦躁着。

五班共有39位学生，各个独立有思想，喜欢表达但又不善于表达，因此他们说出的话都是直言快语、不加修饰、容易伤人。秋季社会实践活动的选人大战即将到来，39人中必然有一人落单，而我几乎能预料到，落单的肯定会是他——小翟。

小翟比班上的同学大3岁，由于小时候做过肝移植手术，肚子上长期挂着一个笨重的医疗器械，导致他严重的驼背，过度用药还导致他的牙齿暗黄。从一年级起，同学们就排斥外形跟他们有些区别的小翟，虽然小翟的性格和学习成绩都很好，但同学们就是排斥他，甚至在很多事情上会批评、嘲讽、刁难他。也正因为同学的排斥，小翟慢慢变得内向、自卑，遇到不公平的对待也不敢抗争，与人对话时眼睛总是看着地面。一步步的退让，让小翟变成了班级里最好“欺负”的人。

对班上这个最好“欺负”的学生，我曾做过一些努力，在班会课上，我让学生学习怎样与人交往，如何包容、理解他人；私下，我鼓励小翟在绘本剧演出中做旁白；我陪伴他在运动会上跑完 400 米……我坚信通过我的努力，大家会慢慢地改变对他的看法。

班会课来临。“同学们可以自愿组成两人小组。”我说。全班沸腾了，大家互相用眼神交流着，你对我挑挑眉，我对你点点头，各自心有所属。我用眼角余光扫向小翟，他低着头，好像这个活动与他无关。在同学们交流时，我走到小翟身边说：“小翟，去找你想选的小伙伴呀，我相信你一定能选到伙伴获得五班之星的。”小翟抬头看了看我又迅速低下头，但眼睛不时偷瞄着周围的同学。我拍了拍他的肩膀说：“加油!”

“好，时间到。已经结成队的同学举手说说你的伙伴是谁，说说为什么选他?”我说。我先让班里平时比较调皮的小杨发言，他说：“我选小清，因为我跟他是最好的朋友。我们早就说好了，一起努力得到五班之星。”我点点头，接着又让懂事的轩轩发言，她说：“我选希希，因为我数学好，她语文好，我们一起出去，我负责计时填写完成项目，她负责写随笔，这样我们能拿到更多积分，得五班之星的概率大。”我说：“考虑得还很周到。”

十几位同学都选择好队员组成小组后，我依旧没有听到有学生选择小翟，小翟也没有举手。眼神扫过时，我发现他的表情从最开始的期待变得有些失落、焦虑。这时，我主动问他：“小翟，请你说说你想选谁跟你同一小组.”小翟有些迟疑，慢慢地站起身，头从教室的右边转到教室的左边，其他同学都低着头，甚至做出了拿书本挡脸的动作，生怕小翟选到自己。小翟把头慢慢低下说："我……想……"我期待着他勇敢地表达自己，但就在这时，丁丁大声地说："老师，没人愿意跟他一组，他肚子那么大，什么都做不了。"话音刚落，整个教室立马就安静了。这句话让我感到震惊，我来不及反应该怎么应对，也责备自己太过自信，以为前期的班级建设已经达到目标，现在，我的自信被这句话彻底打碎。此时，教室里只有小翟的抽泣声，丁丁看了看小翟，趴在桌子上不说话了。

我走回讲台，将挂在黑板上方的"五班之星"照片揭下来，说："孩子们，你们能跟我说说什么是'五班之星'吗?"小议说："'五班之星'很难得，要各科成绩、平时表现都好的同学，积分最高的获得。""还有吗?"林林说："要积极参加活动，爱护班级卫生，为班级多做贡献。""还有吗?"小知说："要听老师的话，要团结同学，帮助同学，不能欺负同学。"答案说得差不多了，我问丁丁："丁丁，你认为你达到同学们说的'五班之星'要求了吗?"丁丁眼神闪躲着，我接着问："丁丁，你认为小翟能得五班之星吗?"此时的丁丁眼眶微红，没有说话。顺势，我问全班同学："你们觉得呢？你们谁能做'五班之星'?"没有学生举手，于是我开始点名："小杨，你最快选出了伙伴，你来说说?"小杨说："不能，因为我没有接纳小翟，没包容和爱护同学。"轩轩说："老师，丁丁不能得到'五班之星'，因为他刚刚说的话没有礼貌，不尊重同学。"此时的丁丁趴在桌子上泣不成声。这时，小希主动举手说："高老师，我还没有选伙伴，我想选小翟。"我问："为什么?"小希说："其实小翟人很好。不仅成绩好，上次我有课没有办法值日，他知道了主动帮我值日，所以我觉得他其实很好。只是班级有同学说他不好，其他人就都不和他玩了。"在小希的带动下，越来越多的学生举起手，丹丹说："高老师给我们看过视频，同学之间应该包容、礼让，不应该以貌取人，所以想得'五班之星'一定要懂得团结同学。"小泽说："老师，我们小组愿意接受小翟，我们三个人一小组。”在大家发言时，我关注到了丁丁和小翟，丁丁红肿着双眼，小翟则慢慢抬起了头。

“同学们，在外面如果你遇到困难该怎么办?”“找老师或找你的伙伴帮助。”“那你为什么会觉得老师和伙伴会帮助你呢?”乐乐说：“因为老师就像爸爸妈妈，无时无刻不在关心我们，同学每天在一起玩耍，有困难会互相帮助。”欢欢说：“如果我们平时很小气，不爱帮助别人，那么在你自己有困难时，别人也不会帮助你，所以我们要互相帮助。”

此时，全班响起热烈的掌声。我走到小翟的身边说：“小翟，现在这么多同学选你，其实我也想和你一组。你聪明、能干、有担当，希望你能通过努力获得‘五班之星’。”小翟点点头，笑容洋溢在脸上。

课后，我叫丁丁来办公室，还没等我开口，丁丁就哭着说：“老师，我错了。”我说：“丁丁，你不需要跟我道歉，明白吗?”丁丁涨红着脸说：“嗯，我去跟小翟道歉，我想和他一组，我再也不会这样说他了。”我笑了笑，摸了摸他的头说：“你真棒，去吧，相信你能做好。”

就这样，丁丁和小翟结成了一个小组，开心地参加秋季社会实践活动。

问题与对策

随着社会的发展，特殊学生的教育问题越来越引起人们的关注，许多特殊学生的家庭希望孩子能够融入社会，因此选择随班就读的教育方式。随班就读是指特殊儿童在普通教育机构中和普通儿童一起接受教育的一种教育形式。对随班就读的特殊学生，除了按普通教育的基本要求教育外，教师还要帮助其进行康复和补偿训练，努力使他们和其他正常学生一样学会做人、学会求知、学会创造等，让他们能自立、平等地参与社会生活。

特殊学生随班就读问题是班主任不可回避的，如何帮助特殊学生更快、更好地融入班级是班主任首先需要解决的问题。

特殊学生分为智力落后、重听、聋、言语缺陷、视觉障碍、情感严重紊乱、畸形损害、其他健康损害等不同的类别。面对不同类别的特殊学生需要采取不同的教育措施，但总体而言可以从以下几个方面入手。

1. 在学习上给予特殊的指导和耐心的辅导

根据特殊学生的情况，在学习上对其提出切合实际的要求，帮助其一点一点地进步。让特殊学生完成力所能及的学习任务，既可以锻炼他的学习能力，又能让他增加成功的经验和体会，从而增强自信心。当特殊学生学习有困难时，教师要给予其耐心的辅导，要时刻记得学生情况特殊，不厌其烦地给予帮助。

2. 引导学生在生活和交往中帮助特殊学生

教师要想方设法帮助特殊学生融入集体当中。由于特殊学生的特殊情况，班里会有许多学生不愿意和他们交往，长此以往，会让特殊学生感觉孤独，严重的会引发自闭症。因此，班主任与班干部要经常进行交流和沟通，让他们起带头作用，在生活上和学习上帮助特殊学生，让特殊学生感受到集体的温暖。

3. 给予特殊学生精神上的鼓励

其实，特殊学生最缺乏的是鼓励。特殊学生的内心十分敏感、自卑。因而在日常的工作中，班主任要时刻关注特殊学生的点滴进步和闪光点，多给他们以鼓励，让他们树立信心，认识到自己也是非常优秀的，与其他同学是一样的。

4. 与特殊学生家长多沟通交流

与特殊学生家长经常联系和交流，帮助他们树立正确的教育观念和对特殊学生的信心。与家长携起手来，共同努力，为特殊学生的发展负起责任。

感悟与反思

1. 利用同伴关系进行教育

班会课上，丁丁和小翟之间所发生的矛盾在班级中常会发生。作为班主任，处理学生间的矛盾要讲究方法，分析发生冲突的原因，从学生的角度出发解决问题。丁丁性格直爽、倔强，在他说出不合适的言论时，教师若在全体学生面前直言批评指责，会严重挫伤丁丁的自尊心，让丁丁产生抵触情绪，从而不利于问题的解决。

我把问题抛给全班学生，其实是借助学生之口侧面告诉丁丁，他的想法和言论不恰当。这样的方式更易于让其接受，有效解决矛盾的同时也让全班学生受到了教育。

2. 学会理解学生，创设和谐的班级环境

丁丁的言论、学生的选择都没有考虑到小翟。站在学生的角度，他们的目的很单纯，就是想获得“五班之星”，而小翟因其身体状况特殊并不能帮助他们胜出，所以都不乐意选他，这样的想法是可以理解的，只是丁丁言语的不当伤害了小翟，这是需要纠正的错误。事件最后，丁丁也认识到了自己的错误，学生们也深刻理解了“五班之星”的真正含义。

3. 用心呵护特殊学生的成长

作为班主任，面对特殊学生需要花费更多的时间与精力来帮助其更好地成长。通过在班会课上自选搭档这件事，小翟的退缩、畏惧、沉默、泪水让我深刻反思，这个我认为已经变得自信、开朗的孩子并没有如我想象的那样。特殊学生在成长中往往会出现反复，作为班主任，要仔细分析，从更多角度、渠道去帮助他们，让他们变得更加自信、快乐。

一张水写纸带来的惊喜

——如何让学生的课间活动和谐有序

深圳市福田区全海小学 李敬

案例呈现

上午，柔和的阳光透过明亮的玻璃窗洒进教室。下课铃响了，孩子们摆放好下一节课的学习用品，就三五成群地去散步、聊天，一阵阵欢笑声缓解了刚才上课的紧张和疲劳。也有“小书虫”继续着自己的阅读时光，畅享着原地不动就可以周游世界的快乐。在教室前面靠窗的一角，两张并排摆放的书桌上平铺着一张书法水写纸，桌角放着一个白色塑料浅水碟，两个孩子手握毛笔，在安静地练字，虽然他们的握笔姿势和书写出的笔画都还显得稚拙，但那认真的态度和挺拔的身姿着实让人敬佩。几个孩子围绕在四周，有的在静静地看，有的发出赞叹，有的轻声点评，一会儿，他们也要体验一下做书法家的滋味，这样的情景让人不禁联想到古时候文人墨客在一起切磋的悠然。

这样和谐有序的课间时光，在二年级孩子们的学习生活中成为了主旋律，不论是他们自己，还是作为班主任的我都为此感到幸福。可这种景象对于两个月前的我们来说，是无论如何也难以想象的。

那是刚开学不久的一天上午，第三节是我的语文课，我正打算去教室准备上课的课件，在走廊就听见教室里传来争吵声，走进去一看，只见一群孩子把两个孩子围在中间，正七嘴八舌地争论着，

“是刘强把书撕坏的。”“不是，是吴天宇过来抢才弄坏的。”“是我先选好这本书的。”“你们一起看不就行了吗?”“我上一节课看的就是这本。他跟我看的不一样。”中间的两个孩子也面红耳赤、气鼓鼓地自说自话。我也很快明白了事情的经过：两个孩子都喜欢看这本《父与子》的漫画书，互不相让，结果在争抢的过程中不小心把书撕坏了。那一节语文课，我没有讲书上的课文，而是先肯定了两个孩子的读书热情，并且夸他们都很会选书，《父与子》这本经典漫画书确实值得大家阅读，从问世以来其诙谐幽默的风格就备受广大读者的喜爱。书撕坏了，只要把它修补好，并不影响阅读。待两个孩子的情绪平静了一些后，我又继续引导孩子们思考：你们觉得类似今天的事情如何做可以避免？生活中我们会遇到很多好书，还有美味的食物，好玩的游戏，难得的机会等，这些如果都靠抢来获得，会是怎样的局面？开学时发新书，有一本书折页了，这本书你会要吗？做值日时只有一把新扫帚，你会怎么办？孩子们热烈地讨论并发表看法，他们的观点都充满了正能量。“书折页了也能看，没有什么影响的。”“新扫帚我们可以轮流使用。”“我可以让给其他同学，我的扫除技术已经很厉害了。”……其实孩子们的内心天生就有世界上最美好的种子，一旦遇到适合的环境就会萌发。下课后，那两个争抢书的孩子低着头走过来，轻声地对我说：“我们不应该抢的，其实我们是可以一起看的。”我摸摸他们的头，和他们一起把撕坏的书粘好。大家都释然地笑了。

回到办公室，我静下心来思考，孩子们其实都知道怎样做是对的，只是他们在遇到问题时，还不能很好地用思想来指导自己的行动，以后遇到这样的事情，难免还会出现问题。两个星期后，一次国学经典培训让我产生了一个想法，何不把我们传统文化中的“仁、义、礼、智、信”渗透在日常教育教学中，潜移默化地培养孩子高尚的品格与道德情操呢？现在孩子们学习的生字一下子增加了不少，而我又喜爱书法，于是，我打算在班级置备一套书法水写纸。这样一来，我和孩子们既可以利用一些零碎的时间练字，又可以借这个每天进行的活动引导孩子们学会谦让、有序，两全其美。说干就干，买好了水写纸，我利用班会课的时间，在孩子们面前展示这个新物品，把毛笔泡开，先给大家示范书写了几个字。大家的眼睛都亮了，然后，我顺势引导孩子们讨论，怎样使用才能让水写纸和毛笔的生命更长？全班53名同学，水写纸只有一份，怎样才能做到有序使用？别看孩子们才上二年级，他们想得还真是周到，“下课了，不跑，不抢，轮流书写。”“不能一个人拿着笔不放，写几个字就让给别人。”“这节课写过了，下节课就去玩点别的。”“毛笔要轻拿轻放。”……这些都是孩子们自己想出来的，他们也更愿意来执行。

孩子们真的做到了，从水写纸投入使用到现在，没有一次因为争抢发生过矛盾，我也没有排轮流书写和整理的顺序表，孩子们都是自觉而有序地在练习和整理。在这个过程中，我发现问题就及时处理，如刚开始，上课铃一响，有的孩子就会着急，随便把笔一丢就回座位了，这时，我会让孩子们说说怎样做更好。于是，他们学会了做事有始有终。浅水碟里的水用完了或者脏了，哪个孩子主动换水了，我就大力表扬他的行为。于是，孩子们渐渐学会了主动承担一些责任和义务，学会了为大家服务。

深秋的下午，放学了，热闹的校园恢复了平静。整洁的教室里，这张小小的水写纸和两只干净的毛笔也静静地躺在书桌上休息了，这方寸间的雅趣，带给我和孩子们的是一次次的惊喜——孩子们的字写得越来越漂亮了，孩子们可以谦让有序地使用它了，做事情有始有终了，更愿意为他人着想和服务了……我深信，它带给我们的远不止这些，一笔一画地用心书写下去，它将带给我们更多更大的惊喜。

问题与对策

记得我们在公民教育中提到过，班级就是一个小型的社会，但只有讲台、黑板、桌椅的教室如何能体现出社会的功能性呢？如何为“有序”搭建平台，如何为学生提供成长的路径，并为他们提供登上台阶的支架，这应该是班主任需要思考的问题。

有序、谦让、宽容……这些词汇都在语文课上出现过，也常常挂在教师的嘴边，但很多时候显得有些苍白无力，究其原因，是因为没有为这些品格的培养创造专门的环境，使得对学生这种人格的塑造成了知识的附属品。所以，在班级中为学生人格塑造搭建课堂、创设良好的环境是必要的。

利用现有的条件在班级中设置多个功能区，并设定必要的规则，这看似简单的举动会让我们的教育收到意想不到的效果。功能区的设置要符合学生的年龄特点，最好是书本上没有的体验类课程。教师要将主要的精力放到功能区的运营上，让学生在潜移默化的影响下，不断提升个人的品格和修养。这种功能区的设置是班集体建设比较有效的手段和途径，但要注意的是前期的规则建立和中期的细心运营，以及后期的效果呈现。

感悟与反思

班级建设中用大目标引领，可以避免滋生很多小问题。大目标可以将班级学生的意志进行统一，并引领他们去做一些更有意义的事情。一方面，它能够引领班级中绝大部分学生的情趣指向，从而形成良好的班风；另一方面，在班主任带领学生完成大目标的过程中会出现更有价值的教育契机，可以使我们的教育不那么生硬和随机。

用大目标的设立来驱动班集体的前进，可以帮助班主任减轻工作负担。与此同时，班级全体学生有了共同的大目标，也会将集体中的那些琐碎的小事进行自动裁剪，这也有助于班主任工作更为有效，更为轻松。

最后，需要说明的是，这里所谓的大目标，不是那种有着宏伟蓝图的计划，而是指学生学习生活中的小事，只不过需要我们用目标管理法进行归纳和梳理。上述案例中采用的办法就是一个大目标——我们要写好字，做好人，通过安排合适的场地、制订规则，使其在班级管理中发挥作用。

爸爸来了

——让爸爸参与到孩子的教育中来

深圳市福田区东海实验小学　王蔚

案例呈现

班级QQ群、家长会、电话沟通、个别面谈……在与学生家长的日常沟通中，妈妈们总是扮演着最积极、最主动、最周到、24小时全年无休的家长角色，而爸爸们则少有出现。

有一次，一个孩子因未按时完成作业，被父亲“武力教训”，我单独约谈了爸爸。在两个小时的面谈中，我深深感受到一位父亲在孩子教育中的失职和无力。如何帮助爸爸们承担孩子“养育”责任的同时，也参与孩子的“教育”呢?

我想到了即将到来的父亲节。

拿定主意后，我组织家委会的妈妈们开会，商定此次父亲节的活动全程由爸爸们担任主角儿，运用各种游戏，增进孩子和爸爸之间的了解。我的这一想法得到了大家的一致赞成。妈妈们献计献策，通过多次讨论，我们确定了活动的流程：家庭合影、朗诵诗歌、亲子游戏。

要想取得好的效果，达到预期目标，接下来的工作就必须进行细致的规划。为了让平时工作繁忙的爸爸们尽可能都来参加活动，光是确定活动的具体时间，就在班级QQ群里发起了3次投票。在大家的积极配合下，我们最终将活动时间定在父亲节当天晚上7点。

选择主持人也是个不小的难题。小学阶段，男生总是较女生成长得慢些，在各项活动中，女生表现得更为出色，这与家庭教育中父亲角色的缺失不无关系。思前想后，我决定该活动由两位男生担任主持，并且要求这两位男生的爸爸全程陪同。培养新的主持人，意味着要付出更多的时间和精力。好在爸爸们非常配合，练习时间结束，爸爸们都会来接孩子，练习过程中的问题我也可以跟他们沟通。活动当天，两位小男生的表现得到了学校大队辅导员的认可，当场被破格录取到了学校广播站。

活动当晚，以家庭为单位，先在巨幅海报前合影留念，爸爸们在海报上签下自己的大名。接着由孩子们组成礼仪小队，引导各家庭走过红毯进入主会场。在进入会场时，由工作人员在爸爸们的胳膊上贴好不同颜色的臂章，进行人员分组。我们事先还征集到了爸爸与孩子的合照，制作成 PPT 在会场播放，营造气氛。从照片上大家不难看出，大部分爸爸还比较羞涩。

活动一开始，是孩子们集体朗诵写给爸爸的诗。在策划组织这次活动时，为了让孩子们发现生活中不张扬的、不常被歌颂的父爱，并大胆地表达出来，我选择了大量的儿童诗引导孩子们，然后通过对一首首诗的解读，让他们产生共鸣，再动笔创作诗歌，写写自己心中与众不同的爸爸。让我没想到的是，孩子们的作品都非常出色，还有不少孩子为自己的诗配上了漂亮的插图。活动当天，孩子们第一次走上了阶梯教室的大舞台，他们的表演比任何一次彩排都精彩，那声情并茂的诵读感动了在场的每一位家长，特别是爸爸们，我分明看见那有着岁月痕迹的眼睛里闪烁着什么。

热场之后，正装出席的爸爸们显然放松了许多。在例行的家长代表讲话、班主任讲话之后，主持人邀请臂章颜色相同的爸爸们带着孩子进行分组游戏。

“心有灵犀”活动让忙于工作的爸爸们了解了孩子的上学时间、最好的朋友、最喜欢的颜色等；“你比我猜”活动让总是严肃的爸爸们手舞足蹈，比画着各个成语的意思；“眼疾手快”活动让孩子和爸爸克服困难，在最短的时间里共同搭建杯子塔……当然，我们也要让孩子更了解爸爸——“哪只是爸爸的手”活动让孩子们隔着大布帘找爸爸的手。这个环节可是难坏了孩子们，有一组的6个孩子同时抢着认定一只最白净的手是自己的爸爸的，那场面，别提多热闹了。此时，我强调：“你们虽然是父子，却还是不够了解对方，要多多了解爸爸哦。”这话看似是说给孩子们听，但何尝不是说给爸爸们听呢？

整场活动结束后，爸爸们主动带着孩子们清扫场地，搬抬重物。那天晚上，孩子们打扫时嘴里都哼着小曲儿。

活动过后，我收到了来自各方的反馈。老师们发现，班里学识渊博的爸爸会主动在QQ群里帮着解答各类难题，放学时来接孩子的爸爸多了，主动给孩子讲睡前故事的爸爸也多了……新的学年又开始了，我相信我们会看到越来越多的爸爸的身影。

问题与对策

父亲，在家庭教育中应该发挥至关重要的作用。如何让父亲更好地参与孩子的教育呢？

1. 帮助父亲明确定位

父亲的教育与鼓励对孩子的毅力、判断力、人际交往能力的培养具有重要影响。父亲担负着帮助孩子建立规则感与边界感的重要角色。通过活动，我们融洽了家校关系，父亲也更好地认识到了自己在孩子的教育中的重要作用，更加明确了自己应该做些什么。

2. 树立父亲的良好形象

通过此次活动，孩子们看到了平日里爱睡懒觉、爱用电子产品、更关心球赛的邋遢爸爸的另一面，发现了爸爸其实反应灵敏、智慧非凡，打心底里觉得自己的爸爸了不起，从而更愿意接受爸爸的陪伴、引导、支持与鼓励。

3. 给予父亲展示的平台

父亲节活动打开了一扇门，让爸爸们意识到自己可以为孩子们做得更多。同时，学校、班级也应该更多地考虑到爸爸们的具体工作情况，将活动类型、时间有意识地向爸爸们倾斜，为他们提供参与的平台和机会，帮助他们更好地完成父亲的职责。

感悟与反思

1. 契机很重要

生活即德育，活动即契机。出色的教育者不但要有渊博的知识，还应该具有智慧。等待是一种智慧，见微知著、因势利导抓住契机也是一种智慧。以此次活动为例，在游戏中，当爸爸们发现自己回答不了孩子们日常生活的点滴时，他们更多的是想知道答案，记住答案，也因此他们会有更强的内驱力去了解孩子。这比以往任何一次家长会上，各科教师轮番强调有关孩子的事情要有用得多。

2. 倾听很重要

教师谦虚诚恳，耐心倾听，会让家长们感到自己很受重视，也会让家长们更加投入地配合班级的教育教学工作。此次活动策划之初，我就充分听取了来自家长们的意见和建议，在活动开展的每个环节也都有家长们的积极参与，获得了非常好的效果。

班主任除了要有管理班级、策划活动的能力，是不是还应该拥有统观全局的教育视野？从一个孩子身上看到一位爸爸，甚至几位爸爸，进而看到一个又一个的家庭。是不是应该通过开展一些活动来触发家长们更多的感受，引起家长们关注孩子的教育，改变教育方式，以此来更好地承担一份责任、一份社会教育担当？这些都值得我们共同探讨。

相交的平行线

——如何拉近师生之间的距离

深圳市福田区福华小学　钟燕琼

案例呈现

清晨，我与孩子们欢快地打着招呼，他们笑容依旧。整个早上，孩子们自觉排队、收作业……上课饱含激情，一切都如行云流水般通畅顺利。下课时，活泼的瑞哥拉着我的手说："老师，如果能天天都上学，那该多好啊！"我怔住了，随后欣喜地踏出教室。

一年了，孩子们和我的变化与成长远远超出了我的预期，一切的转折都要追溯到一年前的那段日子……

那时我刚接手这个一年级的新班。坐在我面前的，是一群刚离开幼儿园的孩子，他们眨巴着清澈的眼睛望着我，透着满满的稚气与天真。讲台上的我，跟他们对望了一圈又一圈，"小可爱""小朋友""萌神"等字眼接二连三地从脑海里蹦出来。孩子们稚嫩的声音打破了这面面相觑的宁静："老师，我想去洗手间。""老师，是你教我们吗？""老师，那个小朋友哭了……"我一一回应着他们，慢慢地，提出问题的孩子越来越多，我开始慌乱起来，继而变得手足无措。

接下来的日子似乎掉进了时间黑洞。每一天，我都面临着无数的问题，那些在我眼里根本不值一提的问题；每一天，同样的话语说到连自己都厌倦，然而孩子们却好像处于另一个时空，眨巴着眼睛望着我，一脸迷茫，手中仍旧做着自己的事。一个人的独角戏，让我感觉我们好像活在完全不同的世界里。

他们的眼睛变得不再可爱，透露着幼稚与无知；我也变得越来越没有耐心，取而代之的是烦躁与怒火。“啊！简直就是没有交集的两条平行线。”我想。

这一天，我踏进教室，果不其然，迎接我的又是让人心烦的喧闹声，我站在讲台上，他们熟视无睹。我气急败坏，故意把抱着的一摞本子抬高了，往讲桌上重重地一放：“咚”！

教室里安静下来了！他们竟然安静下来了！

“老师，有一本掉了！”前排角落里传来一声。

“不要说话！”我扭转头怒道。

孩子立马用一只小手捂住了嘴巴。正当我再欲说话之际，孩子晃动着另一只手，指着地板，还朝我不停地眨眼睛，不知是何意，我故意不搭理他。孩子无奈地摇了摇头，突然径直跑了过来，俯下身去，捡起地上的本子放到了讲桌上，然后又跑了回去，继续捂着自己的嘴巴。

望着孩子那清澈而无辜的双眼，我忽然间觉得羞愧难当！我环视着坐在座位上的孩子们，他们怔怔地看着我，一动不动，正等着我说些什么。我突然感觉自己是多么得不可理喻，在我的世界，他们是无知的，而在他们的世界，我何尝不是无理的呢？不是我们没有交集，而是我从心里就没有接纳他们的世界。接纳，才应该是我走近他们的第一步啊！

于是，我试着向他们的世界靠近相交。我不再告诫他们：“上课铃响，马上回来，老师上课前必须做好课前准备。”而是走到操场，跟孩子们说：“谁能与铃声赛跑？铃声停止之前跑进教室的，就是胜利者！”孩子们跃跃欲试，每天都与铃声赛跑，乐此不疲。从此，我们班上课迟到的问题迎刃而解。我告诉他们：“每位同学的座位只有一个，自己、零食和玩具只能选择其中一个来校。”孩子们每天都开心地选择自己来校，“把零食和玩具放在家”成为了我们的共识。我不再因为他们生活中的小事而感到恼怒，而是变着法儿地把琐事变成了简单易操作的趣味班规，如“每人座位下的四块瓷砖是自己的地盘，谁的地盘谁做主”，这种做法成功根治卫生问题；“迟到宝典”——请迟到的孩子完成迟到任务，隔天第一个到教室迎接每位同学和教师，并热情拥抱，这让准时到校的趋势持续走高，即使孩子迟到了也不再感到焦虑，而是勇敢地接受任务并成为最早到校的人；“卡牌目标”——用不同颜色的卡纸代表每个人每天要实现的目标，孩子们欣然接受，并逐步增强了规则感……慢慢地，他们不再迷茫，眼睛里总是笑意盈盈，我们回到了相交的世界里。

而今，我早已不再气急败坏，我与孩子们都在幸福着我们的幸福。我深深地明白：平行线的相交，需要的不过是搭建一座通往彼岸的桥梁。

问题与对策

对班主任而言，在学校最平常、最重要的关系便是师生关系。在班主任的工作中，师生关系起着决定性的作用。然而，教师和学生由于心理、年龄、生活阅历等多方面的差异，要想走近彼此有很大的困难。那么，该如何拉近师生之间的距离呢？

1. 悦纳学生

悦纳能够帮助班主任有效地缓解与学生相处中的矛盾冲突，使师生关系稳定发展。学生都处在发展过程中，有问题、出差错是常态，班主任不必过分苛责、求全求美。班主任只有悦纳每一位学生，才能真正享受到为人师的幸福。

2. 心理相容

班主任在管理学生的过程中，应注意多倾听学生内心深处的声音，使师生在心理、行为上尽量处于协调一致的状态。在彼此相互认同、群体相互信任的基础上，开展班主任工作才能事半功倍。

3. 共同成长

班主任在刚刚管理一个新的班级的时候，难免会遇到诸多问题或困难，与学生之间需要一段磨合期，这也是建立融洽的师生关系的重要时期。班主任既要发挥引领者的作用，又要努力促进自身的发展。只有与学生一起不断进步，班主任的管理理念才能与时俱进，班主任的工作方法也才能常做常新。

感悟与反思

1. 低年段学生天真、烂漫的特点可以作为班级管理的突破点。低年段的学生求知欲和好奇心都很强，但对社会缺乏认知，显得天真、烂漫。小学，是学生真正意义上接触社会的开始，以班级为单位的集体生活给小学生提供了接触社会群体的机会。班级管理是学生学习社会规则的初步过程。因此，注重小学生未社会化的天真特点，并将这种特点运用到班级管理中，往往能收到很好的效果。

上述案例中，班主任将“和铃声赛跑”“迟到宝典”“卡牌目标”等为儿童理解和接纳的方式运用到班级管理中，不仅激发了学生的积极性，也让学生在无形中学会了遵守纪律，并建立了目标意识和规则意识，可谓是一举两得。

2. 教师是低年级学生的重要他人，应当提高责任意识，准确自我定位。研究表明，小学阶段，教师是学生的重要他人之一，尤其对低年段的学生来说，教师的一言一行都将影响到他们的成长。因此，班主任应当提高引领学生的责任意识，成为学生真正的人生启蒙导师。管理班级只是一种外在表现形式，不应拘泥于纪律、常规，为管而管，要更多地去思考如何为学生长远发展考虑。同时，班主任也不要妄自菲薄，虽然我们是世界上最小的“官”，却是学生此阶段的重要他人，在班级管理的过程中，还需要拿出主人翁精神，不停地“实践—反思—尝试—调整”，去寻找无限接近当下学生发展的道路。

毕业在即，100 天的那些事儿

——“那些年”毕业系列活动

深圳市光明新区长圳学校　刘丽如

案例呈现

“好想再回到那些年的时光……那些年错过的大雨……”班里的学生频频传唱着《那些年》这首歌。还有 100 天，我的学生就要小学毕业了，大家对六年的小学生活非常不舍，许多学生出现了各种各样情绪上的问题，部分学生因为留恋学校、同学，已经开始着手写同学录了；部分学生因家庭原因要回老家就读而焦虑……学生的情绪问题迫切需要解决，而开展班级活动有助于学生化解消极不安的情绪。在学校的“毕业季”活动开展之初，我首先对班里的学生做了一次关于“毕业季”活动的问卷调查，主要调查了以下问题：(1) 面对即将到来的毕业，你做好准备了吗？(2) 六年级中的哪些人、哪些事让你最难忘？(3) 毕业即将到来，你想对谁说些什么呢？(4) 你想为母校做些什么呢？通过调查得知，学生都希望自己能为班级、学校做一些力所能及的事，希望在活动中能回顾美好的小学生活，于是“那些年”毕业系列活动应运而生。

在我的指导下，学生根据自己的特长与喜好组成了 5 个项目组：那些年，我们为校园种下的一棵树；那些年，我们唱过的歌；那些年，我们画过的画；那些年，我们玩过的游戏；那些年，我们看过的书。班里一下子热闹了起来，5 个项目组的学生立即行动起来，开始了调查、采访、查资料、讨论、论证、补充、制作发言 PPT……

班会课上，5 个项目组都派出代表发言。

“那些年，我们为校园种下的一棵树”项目组代表发言：我们想为母校种下一棵毕业树，留作纪念。准备三个玻璃瓶，让每个同学在便利贴上写下自己的愿望放进瓶子里，再埋在这棵树下，等到 10 年、20 年后再回到母校时，把这个瓶子挖出来，看看自己的愿望是否实现了。另外，我们想把种树仪式举行的时间定在母亲节当天，并把这棵树命名为“母亲树”。

“那些年，我们唱过的歌”项目组代表发言：我们小组会邀请一些喜欢唱歌的同学，深入校园寻找最受欢迎的校园歌曲，按照不同的年级曲目进行归类，评选出校园十大歌曲。我们可以用制作海报的方式进行宣传，也可以在校园广播台推送这些好听的歌曲。

“那些年，我们画过的画”项目组代表发言：我们小组谋划在最后的 100 天里举行一个别有深意的活动，那就是用我们的画笔为校园锦上添花。我们想收集六年级各班同学的艺术作品，如手工作品、书法作品、绘画作品等，办一次“六年级毕业艺术作品展”。我们还计划请音乐组的同学在同学们欣赏绘画的同时播放承载着我们六年小学生活记忆的歌曲。

“那些年，我们玩过的游戏”项目组代表发言：我们先收集一些适合低年级同学玩的游戏，并要手把手教会低年级同学玩，还要告诉他们玩这些游戏需要哪些工具、适合在什么地方玩。我们组建议把不安全的游戏改编成安全的游戏，游戏地点定在离教室近一点的地方。

“那些年，我们看过的书”项目组代表发言：再过 100 天，我们就要毕业了，那些陪伴我们的书可能会被我们丢弃，所以我们决定举办一次义卖活动，并在每本书上都写上对师弟师妹的祝福语。筹集的经费我们可以用来做好事，如可以帮学校植树、爱心募捐、作为社区服务经费……

汇报结束后，我组织各小组进行讨论，让他们互提改进建议，寻求组际间更大的合作，并完善本组的方案。

我惊叹于学生敏捷的思维、无限的创意，更让我惊叹的是，这些学生真的长大了，他们能够用辩证的思维去看待问题，能够给别人提出合理的意见，也能够虚心地接受他人提出的建议，毕业不再是个人的事，而是回馈母校、感恩母校。在他们看来，毕业也不是一场伤感的离别，而是生活的延续，而且是有意义的延续。

问题与对策

小学六年级开展毕业活动在各所学校都非常普遍，而把毕业活动做成系列，形成毕业季活动对学生有什么好处呢？

1. 毕业季活动对学生综合素养的提升具有积极作用

教育活动应关注学生的行为方式、精神发育、学习境界、思维方式等。班主任在设计班级活动时，要重视学生的策划能力、践行能力、反思能力、重建能力的培养，以及批判性思维、逻辑性思维的提升，关注学生情感、道德、价值观的发展。班级生活要基于学生的内在需要，改变单一地传授知识、道理说教的教育方式，努力培养在当代社会中能够主动、健康发展的一代新人。“那些年”系列活动旨在打造新型班级生活，意识的开放、内容的开放、资源的开放、教师教育观的开放促使学生的思维开放，使得他们不再局限于几个同学怎么过毕业季，而是站在班级的立场、学校的立场甚至社区的立场来开展毕业季的活动。因此，毕业季活动对提升学生的综合素养具有积极的作用。

2. 毕业季活动是对学校内生文化的沉淀

以往的毕业活动只是学校办一场文艺演出，让部分有才艺的学生上台展示一下，难以唤起所有毕业生的情感共鸣。而毕业季系列活动可分为文艺演出类、公益类、学习类等，每一项活动都由学生去讨论、策划、组织、反思。若干年后，当他们再次相聚小学校园时看到那棵他们亲手种下的树，忆起当年与同学一起义卖书籍、一起在校园广播台播放歌曲、一起办书画展……这种情怀是历久弥新的。

感悟与反思

班主任面对的不是个别学生，而是拥有生命、向往生命发展的个人形成的群体。班级作为学生发展的主要阵地，打造一个创新的、有生长活力的班级就显得尤为重要。那么，如何打造这种新型的班级呢？

1. 立足于学生的真实生存状态，使教育设计更具目标性

在设计班会活动之前，要先分析学生已有的认知状态、思维特征，分析班中学生成长的主要问题，做到“求实”。

2. 让非智力因素参与到智力活动中，使教育过程更具实效性

找准学生的思维核心，调动学生的动机、兴趣、情感等非智力因素，使学生主动参与活动。

3. 从“主题”中派生“副题”，使教育效益更具多重性

从毕业季主题活动中派生出“合作”“分享”“回馈”“感恩”“行动”等“副题”活动，这些活动都会给学生留下深刻的印象，对他们的成长具有重要的影响

总而言之，班主任应在教育理念、思维方式、管理方式上有所创新，开展的班级活动应该主题化、序列化、常态化，注重前移后续，注重对生成资源的有效作用，让学生在活动中成长，努力打造创新型、生长型班级。

安全快乐，创新管理课间十分钟

深圳市福田区狮岭小学　刘璟

案例呈现

“课间十分钟”是学生们的欢乐时光，也是班主任们略有担心的时光。当学生像一匹匹脱缰的小马奔跑跳跃在走廊、楼梯时，总让老师们欣喜其笑容，而又担忧其安全。

尽管课上、课下反复强调安全问题，课间也有班干部监督，但总有那么些“活跃分子”按捺不住追逐奔跑的冲动。没有任何一位老师愿意学生受伤，所以每当置身于这些活泼可爱的“小精灵”之中时，有一个问题总会萦绕在我脑海：怎样让“课间十分钟”成为“安全快乐的十分钟”。

于是在一次班会课上，我向学生说明了制订班级安全规章的初衷，然后鼓励学生分享自己的安全小游戏（他创或自创），并予以适当奖励。学生上报的游戏只要符合安全准则，我都会鼓励他们成为该游戏的带头人并邀请同学一起玩。在一段时间的坚持与实践后，学生的课间活动状况略有改善，但离理想的课间氛围还有些距离。

在观察与思考下，我决定借助学生对“班级之星”评选的热情，增加班级“安全星”的评选。只要遵守安全规章、不追跑打闹，即可参与评选。每周评选一次，先由学生自荐，然后同学相互监督进行再评，最后教师公示表彰。被评上的同学不仅可以得到奖章，还可以担任下一周的“安全小天使”，进行课间的安全管理。很快，学生之间形成了积极主动的安全管理小系统，不仅能互相提醒督促，也能将班级的安全动态及时反映给班干部和老师。在一次次的评选中，我很高兴地看到越来越多的学生得到奖章，被评为班级“安全小天使”。更令我欣喜的是在学生们自我管理、自我教育的实践中，不少学生的管理能力得到锻炼提升，变得自信大胆起来。

欣慰之余，我也观察到另一个现象：个别学生总是“格外安静”地待在教室，很少与同伴玩耍。在详细了解情况后，我决定对班级的课间管理进行改进。因为课间十分钟是学生休息玩耍的时间，同时也是学生增进交流和情谊的时间。开心放松的课间不仅有助于提升课堂效率，也有助于增强班级凝聚力。

综合考虑学生兴趣等多方面的因素后，再结合学生之前的推荐，我们最后确定了如下几个班级常规游戏活动，并配置了相关道具（学生分享的简单小游戏未列举）：

1. “跳房子”游戏。

2. “剪刀石头布”（双腿蹦跳）游戏。

3. “红灯绿灯小白灯”游戏。

4. 舒尔特方格（注意力训练）游戏。

5. 四连环棋游戏。

6. 智慧金字塔游戏。

7. 国际象棋游戏。

8. “词语蹲”（类似“萝卜蹲”）游戏。

9. “闪电识字侠”（互出词语卡片考查对方，抢答快的一方得分）游戏。

（学生对不同游戏的新鲜期不同，后期教师可根据情况进行适时适当的调整和更新。）

这些游戏中，第1、2、3项偏重运动协调，第4、5、6、7项偏重益智互动，第8、9项偏重知识。其中第4项游戏趣味性较低，所以我采用竞赛的形式鼓励学生挑战速度，从而在游戏中达到训练学生注意力的效果。而第5、6项游戏的趣味性较高，通常会由在课堂表现评比中获胜的小组优先选择参与。(游戏项目由学生自主选择；其他一些备选游戏，考虑到学生年龄及安全等因素，暂未列入；待日常游戏活动稳定后，可鼓励学生自创游戏活动道具)

为了更好地开展课间活动，我根据课间活动情况大致划分了班级活动区域。比如，玩第1、2、3项游戏在室外活动区，玩第4、5、6、7项游戏在室内，玩第8、9项游戏在教室前、后方空地。

在定期的安全教育、“安全星”评比、“安全小天使”评选、趣味活动等多管齐下后，班级课间安全得到了较好的改善。我为他们能有“安全快乐的十分钟”而欣慰、快乐。

问题与对策

“课间十分钟”是学生玩耍与休息的快乐时光。班主任如何让学生既能开心玩耍、增进情谊，又能避免安全隐患呢?

1. 安全教育常抓不懈

安全教育是学校教育中不可或缺的一部分。对于班主任而言，安全责任更是重于泰山。一方面，班主任要有安全隐患意识，及时关注到学生活动范围内的安全隐患；另一方面，遇到学生安全问题一定要及时处理并教育，让安全警钟长鸣。同时，班主任要有意识地在教育教学过程中渗透安全教育，让安全教育成为常态教育。对班主任而言，不断提高自身的安全防范意识、积极学习相关安全知识、以身作则遵守各项安全规范，必然有助于班级的安全管理。

2. 寓教于乐，玩有所获

学生有追求自由和快乐的天性。班主任在教育教学活动中，要充分考虑学生身心发展的特点和需要，以生为本；要充分发掘课内外的趣味因素，设计和安排有益学生身心的活动，努力在寓教于乐的过程中让学生学有所得、玩有所获，实现学生生命健康快乐的成长。

3. 构建“班级公民社区”

班级就是一个小公民社区，学生都是班级社区里的小公民。在班级管理中，班主任要有公民教育意识，不仅让学生学会遵守班级公约，也要让学生学会主动承担自己的责任和义务。安全管理既然是常态性的教育工作，就需要渗透到学生日常的自我管理与教育中。当学生了解了基本的安全常识和准则后，就能对事件及其行为进行总体的是非判断，并在同学间形成自主的提醒和教育。这对课间安全管理乃至班级的整体管理都有极大的帮助。

4. 构建良好的师生关系

学生在课间活动中能增进对彼此的了解，也能在磨合中学会更好地与人相处，当然，这离不开班主任的引导。作为班主任，除了引导学生热爱班级、友好相处以外，还可以适当参与到班级的课间活动中，与学生一起分享安全活动的快乐，让课间成为师生情感交流的时光。

感悟与反思

1. 勤于思考，敢于尝试，勇于创新

教育的发展离不开教师的思考、实践和创新，这就要求教师要努力成为一名集思考、研究、实践、创新于一身的教师，并将终身学习贯穿于自己生命的始终。一位终身学习且勤于思考实践的教师必定能在职业生涯的各种困难和挑战中历练与成就自我。

2. 以生为本，换位思考

教育根源于爱。因为爱，我们苦心竭力地完善每一个教育细节，只为学生更好地成长。在教育实践中，“以生为本”的爱，还需辅以换位思考。著名教育家陶行知先生就曾说过：“我们必须会变成小孩子，才配做小孩子的先生。”教育者应当用“孩子的眼睛”去观察，用“孩子的心灵”去体会，学会换位思考，用有温度的爱去引导学生更好地学习、进步和成长。

3. 让学生真正成为班级的小主人

学生作为一个独立的人，终将走向社会。在学校教育中，教师要有意识地培养学生的自我教育、自我管理能力，这不仅有利于班级管理，更有利于学生未来的成长。教师要学会调动学生班级管理的积极性，激发学生自主成长的潜能，培育学生自主成长的能力，着眼于学生健康可持续的发展。

4. 做学生茁壮成长的引路人

学生良好的发展需要知识和能力的培养，也需要安全和健康的保驾护航。在学生茁壮成长的路上，教师的关爱和悉心引导尤为重要。教师不仅要善于调动教育生活中的趣味因素，将课堂内外的活动变得形象生动，还要善于引导学生转变学习和活动的方式，让学习快乐高效、让活动安全有趣，最终让教育成为一股清泉，持久滋润学生的心田。

游戏之风被“吹”走了

——营造阅读氛围，创建良好班风

深圳市福田区福新小学　范蕾

案例呈现

班里有人喜欢讨论打游戏的话题，迷恋打游戏可不是一件好事儿。一天，晨会结束后，我对全班学生说：“下午班会课上我们进行换书交流活动。每人带两本书来，对于带的书有两点要求：一是一定是你看过的书，二是你觉得有意义的好书。”

为了激发每个人的兴趣，给每个人可以充分交流的机会，我精心设计了一节班会课。

班会开始，我说：“我这里有一个神秘的纸盒，里面装着写有全班人名字的纸签，待会儿你抽到谁，就把带来的书推荐给谁，并说说推荐理由，可以自由下位找他交流。”学生一个个充满期待地抽签。抽完签，大家拿着书，欣喜地找到他们的小伙伴，热情地交流起来。飞飞发愁了，说：“老师，小林没带书！”爱打游戏的小林同学没带书，非常尴尬。我把他悄悄地叫到身边，问他：“怎么没带书呢?”他说：“我们家没有什么好书！”我把我带的书递给他：“我特别喜欢数学家张景中的文笔，这本他主编的《乐在其中的数学》里面有很多有趣的数学故事，推荐给你读一读。读完了，分享给你的伙伴飞飞！”小林同学感激地说：“老师，我一定好好地读一读。”我说：“那你去交流吧！”他说：“等我看完了，再给飞飞！”“那你得跟他沟通好，不然他会着急的。”第二天，午读时间，我看小林同学捧着书在认真阅读，全班同学也都在安静地读别人推荐的书。小林的妈妈发短信给我："孩子这几天回家，除了做作业，就是看书。和弟弟去补习班的路上，还捧着书，还给我推荐了一本书，说全班都在看，督促我一周内读完。"他妈妈开心极了。小林同学所属的那个爱打游戏的"小圈子"中的几位同学，下课也挤在一起捧着书津津有味地读着。

古人云：书非借不能读也。有这种紧迫感，可能才更有动力吧。我静静地观察，学生正抓紧时间阅读。

看着学生认真阅读的表现，我非常开心。连续数天之后，我大力地表扬了他们，还奖励了一些学生。如今，他们已经学会自己去交流书目，看完了，会找对方要新的书。班级讨论打游戏的风悄悄被"吹"走了。

问题与对策

面对游戏盛行的社会现状，我们除了告诉学生打游戏的危害外，更重要的是引领他们进入良好的兴趣领域。作为班主任，如何能引领良好的班风？

1. 营造良好的氛围，以兴趣吸引，明确方向

伟大导师马克思曾经说过："人创造环境，同时，环境也创造人。"班主任需要在班级营造阅读树人的环境，让学生在不知不觉中受到感染、影响而主动进行阅读与分享。首先，要营造良好的班级环境，在班级的图书角摆放学生和老师们推荐的各种经典好书，在班级的宣传阵地播放最新的新闻等。其次，兴趣吸引，学生的兴趣会在成功中得以萌生。学生只有对学习产生内部动力，才能开发心智，培养学习的持久性，提高自学能力。给学生明确的目标，可以激发他们的内在学习动机。

2. 创设丰富的活动，同伴互助，共同成长

同伴交流，是学生心理成长的需要。在班级管理中，班主任要充分发扬优秀学生的良好品质，去影响那些需要引领的学生。班主任要时刻关注学生的变化，引导学生在活动中相互影响，共同成长。特别是对那些爱打游戏的学生，班主任要想方设法让他们在丰富多彩的活动中获得成功感，让他们觉得在现实生活中也能找到很多乐趣。

感悟与反思

班主任是班级的组织者和管理者，对本班学生负有思想、学习、生活、身心健康、安全等方面的指导和教育的责任。这种指导如何进行则需要注意以下两方面。

1. 改变传统的说教

学生进入六年级后很喜欢与朋友交流。但是，他们交流的内容往往是怎么打游戏。空洞的说教，难以说服他们，所以我们必须培养学生对现实中有益活动的兴趣。班主任可以开展有交流主题和交流对象的活动，对学生进行引导，让教育在活动中润物细无声地发生。教育培养的是对未来社会有用的人才，这样的人才首先是具有独立思想的人，而智慧的积累，除了要学习教科书里的知识和思想外，还需要大量的、广泛的阅读。要达到这个目的，我们只能借助现实生活中的各种有意义的活动，让学生亲自去体验，去感受。

2. 校内教育与校外教育相结合

我们在校内要求学生读课外书，需要给予学生充分自学的时间，不要布置过量的作业，占用他们自学的时间。同时，也要与家长多交流，让家长尽量在家里也给学生营造阅读的氛围，可以推荐家长阅读一些有关教师的著作，以转变家长的教育理念，这样会收到事半功倍的效果。另外，也可以建议家长在家开办家庭读书会，也可以利用家委会，组织学生开展读书交流活动。总之，班主任要善于发掘资源，与家长共同教育学生，会有更好的效果。

开展特色活动，让学生做主角儿

哈尔滨市南岗区铁岭教育集团铁岭小学校　吴庆华

案例呈现

“我不去上学！我不去上学！”

“我就是不想写！”

这样的话有那么一段时间经常萦绕在我的耳畔！

张某，我们班的一个小女生，漂亮可人，但是腼腆内向，平时不愿意跟同学们打交道。在人面前不苟言笑，上课也从不主动举手发言，教师提问时总是低着头回答，声音小得几乎像蚊子声。她还有个最大的特点就是上学天天迟到，家长好不容易把她送到楼下，她却抓着校门，哭着喊着不上学，任凭家长怎么劝说也没用。每当此时，我都会接到家长打来的求助电话。我只得亲自下楼，软硬兼施把她拖进教室。

面对孩子这样的反应，家长找到了我。交流中，家长讲到，别看孩子在学校腼腆内向，在家里简直就是个“小魔女”，跟在学校的时候判若两人。放学回家从来不先写作业，到了晚上九十点钟大家要睡觉了，还没有动笔的意思。家长急了有时甚至把她推到走廊罚站，原本以为这样会有所改变，结果却事与愿违！我也终于知道了她总是不能按时上交家庭作业的原因了。

在班里，每天交作业是以小组为单位的，小组内 4 个人的作业，先交给小组长，全齐了再由组长整理后送到我这里来！各小组之间有评比，作业完成得最快、最好的小组有“特殊奖励”。就当学生们都在积极参与竞争的时候，她却无动于衷！总是看见她那个小组的同学急得直跺脚，却一点办法也没有！慢慢地，她们小组的同学一个接一个找我，要求换走她！

怎么办？冥思苦想，我决定在班里开展“我来当‘主角儿’”的系列活动，希望能改变她！

微信群，是有效沟通的桥梁！看到其优势，就想着利用这个微媒体，激发她的潜能，让她做群主，做“主角儿”！为了不让她起疑心，我先张罗着策划了若干个特色微信小群，如舞蹈小爱好者们创办的“翩翩起舞”群，英语高手们建立的“小天使英语”群，诵读小爱好者们的“最美的声音”朗读群等。

各类微信群一个个建立起来，学生们热火朝天地参与着活动。我看到了大家积极的状态，更看到了张某渴望尝试的眼神，于是我趁热打铁，根据她解题能力强的优势，把她推到“思维敏捷”群群主的宝座上。“她连作业都不写，能行吗?”“她都不爱上学，还当群主呢，哼！”听着同学们的这些话，看着眼圈微红的她，我没有动摇自己的决心！我相信，在这个平台上，她一定可以发挥她的优势，做好主角儿，我期待着……

面对同学的不信任，我也很担心，但我只是在一旁静静地观察。刚开始时，有同学在群里提出数学难题，总是她妈妈冲在前面，帮着打字解答，而她总躲在幕后。了解到这个情况后，我与她的妈妈做了交流，达成必须让她主动参与进来的共识。我又安排有数学问题要问的同学在群里主动呼叫群主语音解题。私下里我也与她多次交流，教她解题方法，让她先讲给我听，一起理清思路后再让她给同学讲。就这样一来二去，她在群里亮相的机会越来越多了，清晰、洪亮的声音，流畅自如的讲解，灵活多样的解题技巧总是赢得群内同学和家长们的赞扬！在班里也总是听到学生夸她，对她的解题技巧赞不绝口：“我说她的数学成绩为什么一直这么好，你听听，你听听，人家那思路真是牛啊！”每每听到这样的话，我都会给她递上一个胜利的眼神，竖起大拇指，她也总是红着小脸回应我！

一段时间以后，我开始组织这些小群主开会，让他们说说各自的体验，交流遇到的困难，说说自己管理群的好办法。我和学生们用心经营着这些微信群，时不时地为他们提供一些锦囊妙计，为他们做好“主角儿”助力。张某现在每天按时上学，作业也跟大家一起上交，身边的朋友也越来越多，脸上的笑容日渐灿烂……

问题与对策

班主任在工作中时常会遇到各种难题，这就需要我们找准问题的突破口！

1. 借力使力促态度改变

有时问题的解决不是一个人可以完成的，这时候借力使力就是个好办法。对于案例中的张某，我和她所在小组的同学合作，面对她凡事都不参与，作业不按时完成这一现象，大家一起想办法，大家都使劲儿拽着她一起做，不放弃！看着同学们的努力，她也勉为其难地跟着做，慢慢地，她的态度有所改变，作业上交的次数日渐增多！

2. 特色活动促主动参与

办法总比问题多。开展特色活动，让她参与其中！她是个在数学解题方面能力极强的学生，虽然课上不爱表达，课后作业不能按时完成，但这些从来都没有影响她的数学成绩。于是我用“我当小老师”做敲门砖，让她做“主角儿”。

课上遇到同学质疑，我总是第一时间请她来当“小老师”；微信群主的小结会上，我总会表扬她们群里的活动开展得有声有色，替她树威信，课上也会额外给她们群展示的机会。随着她从最初做旁观者，看着人家做，到后来的主动参与，并将活动开展得越来越好，我的教育目标的达成也顺理成章了。

特色活动营造的氛围让她也有了当“主角儿”的机会，授人以渔的方法指导让她成了班上最牛的“主角儿”!

感悟与反思

微媒体的普及已经使得教育进入了微传播时代。如今，沟通方式越来越多样化，家校、师生沟通越来越便捷、灵活。我紧跟时代脚步，主动迎接网络传媒的冲击与挑战，充分利用微时代的特点，及时更新教育观念，优化教育环境，拓展教育模式，建构适应微时代特点的班级教育框架，让班级管理更有效!

学生个体千差万别，我们不能用单一的尺度去衡量，尤其是他们成长的脚步有快有慢，他们的巨大潜能还有待开发。如果我们能“多一把衡量的尺子，就会多一批好学生”。学生间的差异不仅应当被接受，而且应当被当作宝贵财富受到赏识。教师要从多个角度关注学生的成长，这才是充满人情味和生命力的教育。因此，我们要格外注意保护学生的自信心，帮助他们树立成功者的心态。

班主任的工作，琐碎繁杂，但是我们可以借用魏书生说的一句话来调整我们工作的方式方法。他说：“一件事至少有一百种做法，这样才能有所创新。”创新是一种智慧，这种智慧要在日常工作中积淀。班主任工作需要思想的创新，我们要善于把握每一次教育契机，把握每一个教育环节，不放过任何一个教育细节。学生的激情需要教师去点燃，但是仅凭枯燥的说教是没有用的，他们需要真实的生活体验，需要不断变化的活动情境，需要教师在工作中不断凝练出教育智慧，让学生对学校生活的每一天都充满向往！就让我们在“沙”的世界里努力为“花”营建一个多彩的天堂吧，让他们做最好的“主角儿”，最牛的“主角儿”!

在班级管理工作中，我也一直坚持培养学生良好的心态，教他们学会承担责任。“一花一世界，漫步‘百花园’中，映入眼帘，满眼的婀娜多姿；低头俯身，嗅到满鼻的花香；附耳倾听，静待花开的声音。可爱的孩子，在‘百花’丛中争奇斗艳；可爱的孩子，在‘百花’丛中跃跃欲试；我愿做一个爱花、懂花、惜花的‘园丁’，我在‘百花’园中默默地耕耘着，静听花开的声音，信守着花开的约定——”

帮他迈出第一步

——对胆怯学生的培养策略

哈尔滨市南岗区铁岭教育集团铁岭小学校　李媛媛

案例呈现

这学期开学前，泽泽在妈妈的陪伴下来学校看我。泽泽已经升入初一，刚刚分班结束就来跟我报喜——他成为一名名副其实的中学生了。我不再是他的班主任，但他暖暖的小手还是一直牵着我，满满的不舍。谈话间，泽泽妈妈充满歉意地回忆起了一件往事。

那是二年级时，泽泽被评为我们班最守纪律的同学。因为他从不和别的同学打架，上课从不搞小动作，从不违反老师的任何要求。不过，我却很为泽泽的成长担心，因为他也从不发言，被欺负了从不还手，也不告诉老师，我认为作为一个男孩子这样是不行的。

我想了好多办法鼓励他，培养他的勇气和自信，但效果都不好。直到有一天，碰到了一个难得的好机会。

“老师，我的椅子上有一颗钉子，把我的裤子划破了。”泽泽怯生生地对我说。

“是吗？那你去向收发室的老师借一把锤子，回来我帮你钉上。”

泽泽去了，半堂课没回来。我让学生去找，在收发室门口找到了他。

“怎么去了这么长时间，锤子呢？”我一边批作业一边问，头也没抬。

“我——我——我没借来……”他的声音很轻。

我虽然没抬头，也能想到他的眼皮一定是耷拉着的，眼睛一定是看着地面的。于是，我决定不抬头，装作认真看着作业本的样子，轻描淡写地说：“你就说借用一下就还，他们一定会借给你的。去吧！”

泽泽又去了。

为了弄清楚他刚才为什么等了大半天，我让一个班干部跟着去看看怎么回事。班干部和泽泽一起回来了，说泽泽不是没借来，而是根本没敢进收发室！同学们听了哄堂大笑。

我知道他胆小，也猜到他此时一定很纠结——想迈出那一步，却终究不敢。我要是帮他把锤子借来，或者派一个同学去借事情会很简单。可那怎么能行？那样会耽误一个男孩子的成长啊！于是，我把心一横，说：“泽泽，从现在起，你每到下课就去收发室借锤子，直到借来为止！”转过头，我又对全班同学强调：“别人谁也不许帮忙！”

泽泽一天也没借来锤子，结果第二天就生病请假了。泽泽妈妈打来电话：“老师，大冬天的您怎么总让孩子去收发室门口站着？现在冻感冒了！另外，学校的椅子怎么回事，总挂我家孩子的裤子？”我说明了一下我的想法，泽泽妈妈不太高兴地放下了电话。

接下来的几堂课，我一直沉浸在矛盾中不能自拔：唉，何苦呢？我给他钉上不就完了吗？这不是自找麻烦吗！可转念一想，我没有错啊！想要一个男孩子勇敢起来，就应该让他一次次尝试，“借锤子”我都代替他做，那又该让他做什么呢？

不久，泽泽爸爸打来电话，他非常肯定地支持了我的做法，并表示说服了妻子和孩子——这件事一定要让泽泽自己完成。

后来，泽泽在无奈之下，到底开了“金口”，借来了锤子，而且在我手把手地指导下，不但钉好了自己的椅子，还把同学们的桌椅都钉了钉。这下大家既感激又佩服泽泽，他也开始自信起来。

再后来，我还让泽泽当过升旗手、值日组长……他一点点地变了，虽然和许多“淘气包”比起来，还是显得很文静，但他早已不是那个弱弱的“泽泽”了。他不仅敢说话了，而且开始有了自己的思想和主见。

小学毕业的前一年，泽泽爸爸调去北京工作，他也跟着转学了。他妈妈经常在网上向我汇报他的近况，还说他参加了新学校的班干部竞选呢！说这都得感谢我对他的培养和锻炼。

看着成长起来的学生和渐渐理解了我的家长，我再次坚定了自己的想法：班主任工作是不可能一帆风顺的，但是只要从学生发展的角度出发，充分考虑他们终身发展的需要，因材施教，就一定能够取得良好的教育效果。

问题与对策

通过上述案例，我很想跟大家分享如何对胆怯的学生进行特殊培养的经验。

1. 充分关注学生的人格成长

“借锤子”是一件小事，但“借锤子”背后隐藏的教育思想不容小觑。教师工作的对象是学生，是一个个活生生的人，是有未来的人，因此教师的工作目标不能仅仅是保安全出成绩，还应该对学生的人格完善负责，为学生的终身发展奠基。每一个学生的成长发展都需要多种素质，如诚实、乐观、勇气……这些一定要尽早明确，尽早培养，尽早锻炼。所以，当教师遇到像泽泽这样的学生时，怎样帮助他们培养勇气，就是至关重要的教育目标了。通过泽泽后来的变化，我们可以看出“借锤子”这件事对泽泽的影响是巨大的，他艰难地完成了这个任务，也迈出了人生的重要一步。开了这个头，后面的成长就顺利多了。

2. 理性抉择爱与大爱

像泽泽这样的学生有很多，他们得到了家庭、学校、社会的充分呵护，既是幸福的，又是可怜的。有太多的生存能力和解决问题的态度他们本该具备却不具备。教师如果只是始终牵着他们的手，防止他们跌倒，那只是一种浅层次的爱——小爱。还有一种爱叫大爱，之所谓“大”，是因为这种爱意味深长，面向未来，绝不仅仅是只顾眼前的一时一事；这种爱以磨炼意志、培养能力为出发点，绝不仅仅是只替学生解决问题，让学生舒服而已；这种爱绝不仅仅是养一只羽毛光鲜、饮食无忧的笼中小鸟，而是造就一只展翅翱翔的雄鹰，不见得是兽中之王，但一定会拥有一片自己的天空。

3. 创造更多尝试的机会

很多家长都认为孩子有很多事情不会做，与其让他犯错误还不如自己代劳。现在有很多教师也有这样的想法。其实，这是一种错误的想法。不让学生自己去尝试，他永远迈不出这一步。当学生不得不自己面对的时候，会发觉自己完全没有相应的能力，从而造成沮丧和怯弱的心理。教师和家长只有在日常生活、学习中多给胆怯的学生创造机会，让学生能做的事情自己做，尽可能地给他们提供更多尝试失败、体验成功的机会，才能提高他们的抗挫折能力，培养他们的胆量。要做到这些，还需要我们有耐心，不要过于急躁。如果过于急躁，不但帮不了学生，反而会对他们造成反面影响。因此，教师应该在这方面多下功夫，让学生在我们的帮助下克服胆怯，成为生活的强者……

感悟与反思

1. 善于抓住教育时机

“生活无小事，处处是教育”，很多教育行为都是蕴含在生活细节之中的。教师在常规教学管理之余，要随时准备捕捉那些稍纵即逝的教育契机，针对不同学生的不同问题因材施教。有些机会把握好了能起到“提领一顿，百毛皆顺”的效果，但也有一些效果的呈现是缓慢的、隐性的，不会像提高分数那样立竿见影，具有说服力。就像泽泽借锤子的事情，我们从中可以看到，我内心也很矛盾，我知道怎样能快速解决问题，不惹麻烦，可是我选择了“麻烦”，因为这个机会对于泽泽来说太难得了，错过了就会使孩子的怯懦进一步固化，解决了就有可能改变他的人生。教师与学生多年朝夕相处，学生会一次次给我们提供改变他们的机会，哪怕我们抓住一次这样的机会对学生进行有针对性的教育，就会使他们终身受益。

2. 乐于创设教育情境

作为一种心理现象，胆怯在每个人身上都不同程度地存在，而青少年表现得则更为明显和普遍。有的学生因胆怯而自卑，并走向自我封闭，影响了自己的正常学习与生活。对于性格胆怯的学生，我们应针对他们遇到的实际困难给予相应的帮助，适当降低一些要求，多创设一些能使他们不断体验成功的快乐和奋斗的乐趣的情境，让他们确实感受到“我能行”，这有助于转变或消除学生的胆怯心理。比如，我们在布置作业时，可以减少他们的作业量，降低作业的难度，让他们能够用较短的时间轻松地完成作业，从而消除他们对作业的恐惧。再比如，利用晨读进行读书交流展示和新闻播报等，给学生创造培养自信心的机会。其实培养学生自信心的基本条件就是让其不断地获得成功的体验，因此，教师可以根据学生的发展特点和个体差异，提出适合其水平的任务和要求，确立一个适当的目标，使其经过努力能完成。另外，对于缺乏自信心的学生，要格外关心。如对胆小怯懦的学生，要有意识地让他们在家里或班级承担一定的工作，在完成任务的过程中培养胆量和自信。民主、和谐的氛围就像人类赖以生存的阳光、空气那样，无时无刻不在影响着学生的身心健康和智力发展。此外，我们还可以通过发扬优点、克服缺点的方法来培养、提高学生的自信心、上进心。

3. 勇于坚持教育理想

坚持理想是一件不容易的事，坚持教育理想就更难了，因为现实与理想之间矛盾重重。

教师们每一天的工作场景未必都会美好，更多的真实情况是家长和教师之间在培养孩子的目标上存在差异。家长的不理解与不支持会让坚持理想的教师很痛苦。正是因为这样，那些为了学生的成长与发展坚持己见的教师们就更令人钦佩了，他们克服重重阻力，顶着层层压力，实施着正确的、负责任的、面向未来的教育，为怯懦者增添勇气，令张狂者渐渐沉稳，教利己者学会多赢……做这样的教师内心有多丰盈，不言而喻。

今天，我拜学生为师！

——如何让学生不再害怕老师

哈尔滨市南岗区铁岭教育集团铁岭小学校　王瑶

案例呈现

班上的小许同学是一个内向的、略带口吃的女生，二年级时成绩很好，被我选做语文课代表。到了三年级后，她的成绩在班级中逐渐退步到中等水平，我暗中观察，发现她学习其实很认真、刻苦，作业总是能按时完成，那为什么她的成绩到了三年级却退步了呢？慢慢地，我发现她愈发害羞，在上课时不敢抬头看老师，回答问题声音很小，课后也不向老师请教问题。我大致找到她退步的原因了：一、二年级的时候知识比较简单，所以学起来要相对容易。而三年级的知识需要学生多想，多问，像她这种胆小的性格，肯定不行的。

于是，我上课时就经常叫她回答问题以锻炼她的胆量。过了一段时间，情况有所好转，但她仍然不敢问问题，从来没有主动到办公室来过。我迷惑了，是我判断错了吗？她是讨厌学习，还是讨厌老师？还是……我设想了许多种情况，最后还是决定和她谈谈。

"小许同学，近来还好吗？"我轻声问她。

她抬起头，看了我一眼，怯怯地说："还……还好。"

"有没有学习上的或者其他的困难？"我又问。

"没……没有。"她头又低了下来。

"那么，你的语文作业本上怎么有那么多的空白，不会做吗？为什么说没有问题呢？你怎么不问老师呢？”我略带严厉的口气使她有点紧张。

“我……我不敢进办公室，我怕老师。”

哦，原来如此，症结找到了，怪不得……

怎么办呢？突然想起两个老师谈论家里女儿读儿歌的事情，我灵机一动，对她说：“小许同学，我想请你帮个忙，我有个小侄女今年两岁了，很喜欢听儿歌。但是我平时工作忙，没空专门去书店为她选好听的儿歌，你看这样好不好，你利用课余时间帮老师选一些，然后每天放学后教我一首。”她疑惑地看着我，我认真地告诉她：“这样是为了拉近我和小侄女的距离，更是为了教她新知识！愿不愿意帮老师这个忙啊？”她一脸的惊讶，涨红了脸，不断地说：“我不行的……我不行的。”我不断地鼓励她、开导她：“你可以每天过来问问题呀，你还是课代表，可以每天向我汇报一下同学们学习语文的情况，然后顺便教我一首儿歌，这样我们不是可以一举两得吗？那么从今天开始你就是我的老师。”在我的一再开导下，她终于点头答应了。

从此，她就是我的儿歌小老师了。

经过两个月的锻炼，小许同学开朗了不少，也比以前活泼多了，也敢主动问老师问题了。我对她的转变感到由衷的高兴，我也为我的成功感到高兴。

著名的“罗森塔尔效应”的实践告诉人们，学生能否持之以恒地学习，能否高效率地学习，与教师的信任程度有密切的关系。当学生不能流利地回答问题的时候，教师投去期待的目光，说一句信任的话语，帮助他成功一次，那么，他在课堂上发言的积极性就会更高，学习能力就会更强；当学生在课后因害羞不敢问老师问题时，让他感受到你的信任与亲切，那么他会认为你是一个可以信赖的朋友，乐于为他解决问题，从而对你敞开心扉。因此，教师要多给学生一些信任，在学生的心里种下一颗自信的种子，积极地引导他们，促使他们最大限度地发挥积极性和主动性，达到高效学习的目的。

问题与对策

帮助学生克服恐惧、树立自信心，让每一个学生都积极主动地学习是班主任的重要工作内容之一。那么，班主任如何帮助每一个学生树立自信、不再害怕老师呢？

1. 与学生之间建立良好的信任关系

教师要在课堂上严格要求学生，课后积极主动地了解、关心学生，与学生之间建立良好的信任关系，而不是高居“庙堂”。学生的主要任务是学习，掌握知识，学以致用。为此，班主任要严格要求学生学习知识和技能，让学生学会分析问题、解决问题，为今后的生活和学习打下基础。由于很多学生在课堂上会出现这样或那样的小动作和违纪现象，这时教师必须严格要求学生，提醒学生全身心地投入学习中。然而，学生是受教育的对象，需因材施教，不能盲目。为此，必须在课后积极主动地和学生搞好关系，了解学生，与学生谈心、交流，关心学生的生活和学习，帮助学有困难的学生分析原因，找出解决问题的办法。这样，学生有什么事情才会与班主任沟通、反映，与班主任做朋友。只有学生与教师之间建立起信任，学生才能不再害怕老师，从而树立起自信，为积极主动地学习打下良好的基础。

2. 对学生多鼓励，少批评

在对学生的教育工作中，应该坚持多鼓励，少批评。清代教育家颜元曾经说过：“教子十过，不如奖子一长。”这句话有其深刻的道理，在当代的教育中也十分受用。学生正是长身体、长知识的时候，且具有强烈的上进心。在学校里，当他们受到鼓励、表扬时，容易体验到成功的喜悦，心理上也容易得到满足。教师这时因势利导，有利于学生进一步学好知识，增长才干，有利于他们更加积极主动地学习。教育学生，应因人制宜、因事制宜，特别是对后进生，更应慎重，不能乱批评、乱指责。教师应采用和风细雨式的方式，与学生真诚相待，充分肯定他们的优点，让他们扬长避短，这样才更能唤起他们的自信、自强之心。也许，教师一句肯定的话，就能改变一个学生的一生！

感悟与反思

1. 改变传统的教育思维习惯

受传统教育思维的影响，很多人还在奉行“严师出高徒”的理念。然而，时代在变，当代的学生处于一个思想多元化的开放时代，他们的思想活跃，再加之独生子女的身份，也就更加有主见。在这样的条件下，教育就不能再严格执行“严师出高徒”的套路了。相比于棍棒相加，学生更渴望得到理解、关怀及尊重。学生是鲜活的、个性不同的个体，因此，在教育学生时，教师要改变传统的教育思维方式，充分尊重学生的意见，认真做好学生的思想工作。在教育后进生时，要做到有理有据、有礼有节，把工作做到他们的心坎上，使其对教师的教育心悦诚服，并多在其身上寻找闪光点，充分肯定他们的优点，帮他们建立自信心。

2. 因材施教与因人制宜相结合

因材施教，就是要充分发挥学生的个性特长，让他们学有所成。同时，教师也要因人制宜，多留意观察、分析每一个学生学习的特点，学生出现问题时的表现是最值得分析的，从中可以发现他们独特的认知特征和动机倾向。教师要多提这样的问题：为什么会感到困惑，问题在哪里？为什么会出现反常现象？……针对学生出现的问题，因势利导，找到解决的办法。同时，尊重每一个学生的特点，让每一个学生在班级中散发光芒。

班主任工作很累，也很杂。一名合格的班主任，我觉得应该是“严师、慈母、良友”，做到严而不苛刻、慈而不溺爱、宽而有限度。

所以，我在班级的管理上，坚持做到三点：严格要求、坚持原则、人性化教育。虽然，我的工作还有许多的不足，还有许多的工作等着我去做，但是我坚信“精诚所至，金石为开”，只要对学生真诚相待，真心地关爱他们，让所有的学生沐浴在爱的光辉下，相信他们一定能成为国家有用的人才，在他们的人生道路上，创造一个又一个辉煌。

情感悄悄语

——如何引导学生正确对待男女生之间的关系

哈尔滨市南岗区铁岭教育集团铁岭小学校　薛冬君

案例呈现

星期三的中午，学生们吃完午饭，陆陆续续离开教室到操场上活动。此时阳光正暖，忙碌了一个上午的我终于能得空在座椅上歇一会儿。多么难得的午休时光！我惬意地微闭双眼，这时从教室外跑进来一群男生，足有十余人，打破了这午后的宁静，也扰了我的清静，我疑惑地望着这些“愣头青”，皱着眉头问：“怎么了？这么急匆匆的？有人受伤了不成？”他们用同样疑惑的眼神看着我，半晌说不出话来。一个“大嗓门”突然发了声，解了尴尬的局面：“老师，您没找我们吗？”我摇摇头：“没有。”“啊！那我知道了，是李繁雨在找我们。”我更加疑惑了：“李繁雨找你们这么多男生干什么啊？”“她找我们做问卷调查。”那个“大嗓门”接着说道。我的心里充满了疑问，我根本没有安排什么问卷调查啊！“说说，什么问卷调查？”他们七嘴八舌地向我说起所谓的问卷调查……我一时间脑子有点乱，对于他们突如其来的解释有点分析不过来，便说道：“好了好了，孩子们，把李繁雨找回来，我问问她就知道了，你们走吧！”我打发他们出去，静等李繁雨的到来和解释。

过了一会儿，李繁雨走了进来，脚步那么轻，轻得像只受了惊吓的小猫不敢靠近我；脸色那么苍白，白得就像一张纸，透过这张纸，让人一眼就能看出她的内心装了好多无法言说的话。没等她开口，我已经感觉到事情有点复杂了。果然不出我所料，从她的解释中我竟然了解了两年多来我不知道的男女生之间交往的秘密……

原来所谓的“调查问卷”一共有4个题目：(1) 你觉得班里哪个女生最漂亮？(2) 你最喜欢哪个女生？(3) 哪个女生的性格最好？(4) 你最喜欢和哪个女生玩？这些问题只针对班里25个男生提出，已经有一半的男生被调查过了。刚才跑回来的男生是没有被调查过的，在他们跑回班里的时候，正是李繁雨四处奔跑，忙着寻找他们的时候，也有几个好友正在帮着她一起寻找被调查者。在人满为患的操场上寻找十几个人，繁忙程度可想而知。我手里拿着李繁雨交上来的小纸条（调查问卷）默不作声，只是仔细打量着她，只见她一身长裙，裙子在两个肩膀处是露肩的处理，九月末的天气已经很凉了，她不冷吗？她并不看我，只是抽抽搭搭地哭，鼻涕、眼泪混作一团，那样子和这条裙子已经不般配了。我并没有批评她，她哭成这个样子是因为什么样的心理呢？我仍然不说话，不提问，心里一遍遍地问自己，我下一步该怎么做？我看看纸条，再看看面前的女孩，这个面目清秀的女孩为什么要调查男同学这几个问题，她的内心又渴求着怎样的答案呢？时间一分一秒地过去，距离学生们进教室的时间越来越近了。我等待着，学生们回来以后，我可能会有更多新的发现。

学生们今天走进教室的状态也与往日不同，一点声音都没有，安安静静地走到自己的座位前，坐下，眼睛盯着我和李繁雨，像是等待着一场批判。他们似乎预感到“暴风雨”就要来了，各个屏住呼吸。我简单地说了一下事情的经过，大家静静地听着，听得很认真。我的话音刚落，一个女生就举了手，她站起来，眼睛盯着李繁雨，大声说：“老师，这样的事情不是第一次了，只是这一次被你发现了，类似的调查在上学期就有过。”“哦？”“她还把咱们班顾士博和芮子晴安在一起，”这个女生接着说，“李繁雨说他们俩是天生的一对，要在一起结婚。”这句话刚一说完，下面的其他同学就一齐说：“对，对，对！”然后就七嘴八舌地议论开了，前面的李繁雨哭得更凶了，眼泪已经无法抑制，我看着她的样子很是心疼，递给她一张纸巾，马上叫停下面学生们的议论。可是，芮子晴已经抑制不住自己激动的心情，不由分说地站起来，“老师，她还让宋雨轩写稿，给我和顾士博举行婚礼，就在后操场上，我们不同意都不行！”“嗯，对！还要让我们亲一下！”顾士博补充道。教室里一片唏嘘之声不绝于耳，我察觉到这事态有点严重了，于是再次叫停学生们的议论。我深情地望着大家，说道：“同学们，我们五班就是一个家，老师和同学们不仅是师生关系，而且是家人关系，李繁雨之所以这么做是因为她在模仿，模仿影视剧中的结婚场面，她觉得有趣，并没有更多的想法，因为她把大家看成了自己的家人，才会没有任何顾虑地选择她所导演的这部剧的男女主角，被选中了就成为男一号和女一号，看来顾士博和芮子晴是李繁雨心中的最佳人选，你们具备当主角的潜质啊！”说到这里，大家哈哈大笑，被提及的主角脸上洋溢着自豪的微笑，李繁雨的尴尬也消散了不少。“问卷调查也是李繁雨‘导演’在做拍摄的前期摸底工作。”我接着说道，“在这个大家庭中我爱所有的学生，因为你们每个人的身上都有值得我学习的优点，我们是互敬互爱的一家人。老师希望你们也真诚地爱身边的每一个家人，多学习别人的优点，弥补自己的缺点，这样我们这个大家庭才能越来越团结，越来越优秀！”学生们频频点头……

问题与对策

三年级是小学阶段的一个重要转折点。在这个转折点上，如何引导学生顺利度过心理上的“早熟”期，如何正确对待男生和女生之间的关系是班主任工作中的一个重点，解决时需要有正确的方法和策略。

1. 平和心态，正确引导

对于三年级的小学生来说，他们的年龄小，感知、思维等方面的能力以及情感经验都非常有限。因此，在面对班级中出现的个别心理“早熟”现象时不要夸大事实，学生的心理尚未成熟，他们更多的是因为受影视剧的影响，模仿的痕迹很多，并不像成人想得那么复杂。班主任首先要调整心态，换一种角度思考，正确引导学生，“轻描淡写”地帮助学生解决问题。宽容学生的错误做法，热爱、尊重、理解、相信每一个学生，建立民主、平等、和谐的师生关系。要善于倾听不同的声音，适时地选择一种既合本意，又易于为学生接受的实事求是的表达方法，拨动学生的心弦，引起他们的共鸣。比如，在上面的事例中，我是这样做的：我拉着李繁雨的手，对她说：“老师建议你，下次进行问卷调查时调查以下几个问题：（1）你觉得班里谁的优点最多？（2）列举出他（她）的优点有哪些？（3）你最应该向他（她）学习什么？（4）设想一下，如果你学习了别人的优点，自己会有哪些进步？”我又摸了摸李繁雨的头，向她投去信任的目光：“你觉得这个调查问卷怎么样？”李繁雨终于不哭了，她擦擦眼泪，重重地点点头，说：“这个太好了！”“那好，你还是那个‘小导演’，做完调查之后，再拍一部大片儿，发动同学们向优点最多的同学学习好不好？”这时，教室里响起一片热烈的掌声，这掌声表明问题得到了解决。

2. 树立榜样，陶冶性情

当学生走进误区的时候，班主任除了要正确地引导外，还要在班级中树立一个优秀的榜样，对于小学生来说，榜样的力量是无穷的。在上面的案例中，让李繁雨同学继续做问卷调查，实则是在班级范围内寻找榜样，让学生在心中树立一个学习的榜样，让他们学习榜样身上的各种优点。正所谓“近朱者赤”。优秀学生或是具体、明确地，或是间接地、潜移默化地影响着身边的同学们，使他们在生活和学习中心灵得到净化、情操得到陶冶，并最终形成健全的人格。

感悟与反思

1. 伸出手，做朋友

当李繁雨受到来自同学们的指责时，我能体会到她有多么无助和难过，可能当时她很惭愧，意识到了自己的错误，但是没有机会也没有勇气将内心的愧疚说出口。这时候，班主任应该伸出援手，解救她于水火之中，真心实意地帮助她。幽默地把李繁雨的行为转化成一种模仿和导演，学生们的注意力就不会死死地盯住谁喜欢谁不放，随即因势利导教育学生们谁喜欢谁都是非常正常的，这是家人之间的单纯友谊，并希望这种友谊可以随着时间的推移天长地久，让他们想象10年、20年以后，长大成人后有这么多的家人是多么幸福！学生们沉浸在一种想象之中，教师在他们的小小心田中播撒了一颗颗友谊的种子。

2. 用心听，真心懂

我不喜欢轻易发表自己的意见，更多的时候我喜欢倾听学生们的心声，通过听来读懂他们的内心，听得越多，懂得越多。三年级学生的心理正慢慢走向成熟，他们已经开始独立思考，有了很强的自我意识，不再像一、二年级的学生那样唯父母和教师独尊，这个阶段的学生更需要别人的倾听和理解，所以，我愿意静下心来，仔细倾听他们的心声，了解他们的内心世界。我们在班级中设置了“真心话”信箱，学生们想说的话可以通过各种形式表达出来，可以不写名字，只说心里话。他们很喜欢表达，无论是欢喜还是忧伤，都愿意与我一起分享，说出来心里就敞亮了，不把悲伤憋在心里，不把快乐独享，学生们在一种和谐、民主、自由的氛围中慢慢释怀，身心都得到了健康的发展，同时，我也能及时把握他们的心理动态，适时对他们进行疏导和教育！

无须知道他是谁

——冷静面对学生的偷窃行为

哈尔滨市南岗区铁岭教育集团铁岭小学校　史晶

案例呈现

我又骄傲地送走了一个毕业班。回忆起和他们相处的日子，有太多值得我回味的事情。我接手这个班时他们是三年级，开学一个多月，就发生了一件非常让人头疼的事情。学生子涵在快放学的时候发现书包里的7元钱不见了！当时，我的心"咯噔"一下，处理这种事是最头疼的！走进教室，我仔细地观察着每一位学生的表现，可是并没有看出什么端倪。周围的同学都在帮忙四处寻找，同桌林昊关切地安慰着急得满脸通红、眼泪止不住流的子涵。

我了解了事情的经过，询问了一圈后仍然没有结果。没有人可以提供什么有价值的线索，子涵自己也说不清钱是什么时候不见的。学生们开始议论纷纷。当时我已经料想到了这"案子"一定挺难破的！这时，放学铃响了，只能明天再处理了。

第二天利用早自习的时间，我上了一节"知错能改，善莫大焉"的班会课。

我说："昨天班里发生了一件很不愉快的事，有位同学不小心拿了别人的钱。但我觉得这位同学也有自己的苦衷，他可能只是想搞一个小小的恶作剧，可能是想用这笔钱买一件他非常需要的学习用品，也可能现在就很想把钱还给失主，但怕同学们误会他。"

学生们面面相觑，好像完全没有想到我会说这样的话。

接着，我又给学生讲了一个“小时偷针，大时偷金”的故事，让学生体会偷钱人的心情。又列举了有些青少年因为小偷小摸的习惯愈演愈烈，最后触犯国家法律进入监狱的例子，再让学生谈谈自己的看法。

学生们有的说到这个习惯有多么不好，有的说到自己的爸爸妈妈是怎么教育自己的，还有的说到自己身边发生的真实事件。在学生们各抒己见之后，我又说：“其实，不光他们有错，他们的老师也有错，在他们犯小错误的时候，没有及时地教导他们，以至于他们一错再错，最终后悔莫及。所以这次丢钱的责任在我，也是我的失职，后果也应由我来承担。老师用自己的钱来‘还给’子涵同学。”说着，我掏出7元钱，交给了子涵。她再三推却，我硬把钱塞进了她的衣兜里。

这时，学生都感到很惊讶。看着他们的眼神，我感到他们的心灵受到了震撼。

这正是我想要的效果。趁热打铁，我又让每个学生都闭上眼睛，把手放在自己的胸口，问问自己，自己是否也犯过这样的错误。我说：“同学们，还有3年的时间你们就要毕业了，到时候大家就不能像现在这样天天见面了。9年之后，有的同学就会为了自己的理想到其他的城市去求学，可能这辈子都没有机会再见面！今天所发生的一切就只能成为回忆，也许你在长大之后会因为自己犯的错误而后悔，也许你会因为自己犯过错误却没有勇气承认而感到遗憾，也许你会因为没有当面说句‘对不起’而掩面叹息。老师完全可以告诉丢钱的同学‘下次小心’，但我感觉这样对你不公平，没有给你这个承认错误的机会。老师可以以人格担保，绝对会为你保密。只希望你能够认识到自己的错误。”

此时，很多学生都流出了感动的泪水。我说：“如果是你拿的钱，你现在是否想对丢钱的同学说句对不起呢？如果这件事与你无关，你又想说些什么呢？请你写下来，可以不写名字。”学生们都默默地拿出笔来，“刷刷”地写起来，写完后折起来交给了我。

说实话，当时我也不敢肯定那个“拿”钱的学生会承认。回到办公室看完收上来的纸条后，我欣慰地笑了——“老师，同学们，我错了！可我已经把钱花光了，但……但我一定会还给您的！”我快步跑进教室，对学生们大声地说：“不用了，你已经还给我了，你还给我的不仅是7元钱，还有闪亮的‘金子’！”从教室里走出来后，我笑我自己，还不知道是谁拿的钱呢！但是有了这句发自肺腑的话，何须知道他究竟是谁呢？

问题与对策

作为一位教育工作者，爱与责任已经根植于我们心中。在平时与学生的沟通中，怎样才能让学生感受到爱和关心呢？

1. 冷静面对学生的各种错误

学生是发展中的人，他们身上存在不良行为或是会做错事情，都是非常正常的。作为班主任应冷静地分析，运用教育智慧，选择妥当的教育方式对他们进行教育，不要一味地批评指责。在遇到让人措手不及、来不及思考的事情时，作为一名班主任，首先要保持冷静，就算当时再生气、再不知所措，面对学生时也应该心平气和。如果班主任的第一反应就是无目标地发火，很可能会让丢钱的学生觉得班级里有同学犯了不可饶恕的错误，让“拿”钱者心里非常害怕，还怎么让他承认错误，甚至可能导致以后有同学为了掩盖自己的错误而出现撒谎的现象，这些都是我们不愿看到的。在面对学生犯错误时，我们要冷静，用学生可以接受的方式引导他们走上正确的道路。

2. 把自己放在与学生平等的位置上

要像朋友和伙伴一样与学生交流，学会给学生留面子，给学生一个台阶下。此类问题如果处理不当会伤及学生的自尊心，甚至会让学生心存忌恨而产生逆反心理，所以对于不宜公开的事情，班主任应采用宽容的态度和做法，让学生心存感激，体会到班主任的善解人意，从而乐于接受班主任的教育，发自内心地想改正错误，这才是真正的有效、有爱的教育。在本次事件中，我从保护学生幼小心灵的角度出发，采用了真情感化法和自我惩罚法。在班会课上，我分析了“拿”钱学生的苦衷，为他辩解，并通过生动鲜活的小故事，使其体会到这种做法的害处。此时，我主动把丢钱的责任揽到自己身上，并为此承担责任，用自己的钱还给失主。这一举动最能打动学生的心，让“拿”钱的学生认识到自己不仅伤害了同学，还伤害了老师，导致了他完全没有预料到的后果。这时学生就会更加内疚，并会产生思想负担。此时，班主任就要用饱含深情的语言为学生解压，让他们感受到现在不承认将来会后悔，会遗憾，最后让学生以写“秘密小纸条”的形式主动承认错误。这种方法的关键是让学生在真挚的言语感化中进行自我惩罚。在处理这件事的过程中，我深刻地感受到“精诚所至，金石为开”，这种以情感人的教育方法不仅避免了一味用抽象的道理、僵硬的教条去约束、规范学生的言行，还有利于学生正确的价值观、人生观的培养。

感悟与反思

人性本善，但学生在成长的过程中难免会有出错的时候，这并不代表学生无可救药或人品不好。我们并不需要对所有的问题都追根究底、有错必罚，而是要抛开一切枝节来思考教育的本质。说简单点儿，教育就是教会学生明辨是非，知道什么该做什么不该做。在这个案例中，我并没有查出这件事到底是谁干的，想想看。如果我在班里大批那位“拿”东西的同学，后果会怎样呢？他可能会抬不起头，也可能因此退学。而我这样做不仅达到了教育的目的，还保护了学生幼小的心灵，给了他从头再来的机会。我想，这比找出究竟是谁干的或是给他一顿批评要有意义得多。我相信，有了这一次的经历，他这辈子都不会再犯这种错误。让学生真正走上正途，这才是教育的意义所在。灵活有效的教学手段能让学生乐学、善学，我认识到，在思想教育方面也要讲究智慧。解决问题时，从同一个出发点出发，有许多方法去解决，解决的方法不同，就会得到不同的结果。

教师需要培养学生的规则意识，但与此同时也应让学生感受到宽容和爱。只有宽容和爱才是学生成长的肥沃土壤和主动前进的无尽动力。

几年的班主任工作让我在给予爱的同时，也收获着爱。教师要毫不吝啬地播撒爱心，用诚挚的爱去滋润学生的心田，用教育智慧去处理问题，包容学生的过失，化解学生的不良情绪，从学生的角度去思考问题，当他们健康成长的引路人，让他们永远在师爱的沐浴下轻松、愉快地学习、生活、成长。

用智慧播下师爱的种子，必定会结出丰硕的果实，就让我们永远用爱为展翅飞翔的雏鹰导航吧！

一个快乐而有意义的中秋节

——开展实践活动，培养学生动手能力

哈尔滨市南岗区铁岭教育集团铁岭小学校　代立春

案例呈现

中秋节是我国传统的节日。为了让学生度过一个快乐而有意义的节日，增进对中秋节的了解，我带领他们开展了中秋节做月饼的活动。学生们系着围裙、带着帽子在班本课上自己动手做月饼，教室里的课桌被保鲜膜包裹起来变身案板，面粉、各种口味的馅料、制作月饼的模具、一次性手套准备就绪，重新布置后的教室变成了热闹的“大厨房”……学生通过自己的劳动，感受并分享了节日的快乐。

为了做出好吃的月饼，学生在课前做了充足的准备工作。课堂上，我首先介绍了做月饼的过程——做皮—做馅—成型—烘烤，并讲解了各个环节的要求和注意事项。接下来，热火朝天地干了起来。在做月饼的过程中，学生先把和好的面揪成大小相同的小面团，并擀成一个个面饼，再把豆沙捏成小圆饼，包入鸡蛋黄，裹紧成馅团，将馅团包入擀好的面饼内，揉成面球。然后再用模具做好形状，并进行烘烤。最后，分小组介绍做月饼的经验，总结不足，评比出最佳合作奖、最佳制作奖、最佳纪律奖、最佳卫生奖。

月饼做好后，学生们品尝着自己的劳动果实，脸上乐开了花！他们说：“以前都是吃买的月饼，今天我们自己做了月饼，实在是太好吃了！”“一定要把月饼带回家和爸爸妈妈一起分享。”

动手能力是人全面发展的一个重要方面，也是教育的重要培养目标之一。现代科学技术的发展对人的动手能力提出了更高的要求，是与具体的实践活动分不开的。然而，由于种种原因，小学生动手能力的培养在我国被长期忽视了。

问题与对策

由于发展阶段的限制，小学生的抽象思维水平较低。他们只有通过亲自操作，获得直接的经验，才能在此基础上进行正确的抽象和概括。学习活动中的操作和观察，都是有意义的。班主任必须有计划地开展活动。教学实践也证明，在实际操作中，学生通过观察、分析、比较事物的相同点和不同点，然后进行抽象和概括，能较深刻地理解一些相关的知识。引导学生通过活动发现规律性知识，在发展学生抽象思维的同时，也培养了学生独立获取知识的能力。

1. 强化学生的动手操作能力，充分发掘学生的潜力

小学生以形象思维为主，因而在认识事物的过程中很难从教师的讲授和直接的结论中获取其中蕴含的思想、方法，所以教师应加强对学生的实践操作训练，让学生在实践中感知；充分发掘学生的潜力，让学生通过自己的努力解决问题，获取知识。最后，教师还要引导学生在实践中验证知识，在生活中运用知识。

2. 通过合作学习，发挥群体优势，培养学生的创新意识

在教学中，要加强对学生合作学习方式的指导与训练，从小培养学生的探究、合作、创新精神是十分必要的。因此，首先要培养学生积极动脑、认真思考、踊跃发言的习惯，让学生真正参与课堂教学，主动探究新知识的形成过程，并把自己的探究过程和其他同学交流，用语言表达出来，这样既能帮助学习有困难的学生，又能让学习好的学生介绍好的学习方法，真正发挥合作学习的群体优势，培养学生的创造性思维。

3. 操作要有明确的要求

小学生的注意力往往明显地带着无意性和情绪性，操作时容易由着自己的兴致来摆弄学具。因此，操作前教师应该向学生提出明确的操作要求，按教学目标精心组织学生进行操作，使他们的操作具有明确的指向性，从而提高活动的有效性。

4. 操作要给学生足够的时间

学生的思考、动手操作都需要时间，但有的教师提出问题后，便急于让学生回答，而学生由于没有足够的时间去思考和动手操作，无法对问题进行深入的探索和思考，导致不能从动手操作中总结知识经验。

5. 操作活动要把握好教学契机

教学实践告诉我们，强加给学生的操作活动是徒劳的，学生自发的操作活动才是有效的，而有效的操作活动必须建立在适宜的时机的基础之上。从学习内容的特点和小学生的生理、心理特点来看，组织学生进行操作活动要把握好时机。操作活动可以在学习新知识前进行，目的是使学生获得对将要学习的知识的感性认识；也可以在学习新知识中进行，目的是验证知识，加深学生对知识的理解。当然，操作活动也可以在学习新知识后进行，目的是巩固加深，甚至是创造性地运用知识。

6. 操作要把思维活动过程与语言表达有机结合起来

手和脑之间有着密切的联系。手使得脑得到发展，使脑更加发达；反过来脑会使手更加灵活，使手变成思维的工具。在动手操作中，教师应引导学生循序渐进地用自己的语言进行概括性表达，使动手、动脑、动口形成相辅相成的交互作用，使操作、思维、表达融为一体，有效地推动智力活动的内化。

感悟与反思

儿童的思维是从动作开始的，切断动作与思维的联系，思维就不能得到发展。小学生处于由具体形象思维向抽象逻辑思维的过渡阶段，通过实践操作，能使所学知识“内化”为大脑中的智力活动。

1. 培养学生的动手能力，要从培养学生动手的兴趣开始

兴趣是最好的老师，是学生探求知识、发展思维的巨大动力，也是培养学生主动参与意识的有效途径。苏霍姆林斯基指出：“如果不想法使学生产生情绪高昂和智力振奋的内心状态，就急于传授知识，不动情感的脑力劳动，就会带来疲劳，没有欢欣鼓舞的心情，没有学习兴趣，学习就会成为学生的沉重负担。”让学生获得生命的体验，“以愉悦的学习促成学习的愉悦”是贯彻“情境—体验”这一教学原则的途径。在活动中创设问题情境引发学生探究和操作的欲望，学生就会对探究的内容产生极大的兴趣，会迅速进入操作状态。

2. 培养学生的动手能力，要指导学法

教学是教和学活动的统一体。教学方法既包含教师的教法，又包含学生的学法。重视对学生的学法指导是实现从教到学的关键，是实施素质教育的重要途径。因此，在教学中要系统地把学法指导与学习过程联系起来，使学生有愿望也有能力动手动脑地参与学习，进行创造。教师应多为学生营造动手参与、动脑思考的气氛，尽可能让学生在各种各样的小实验或小制作中去学习，还可以让学生自己设计实验，并提出改进实验的思路和方法，变被动为主动，从而充分调整、调动学生学习的积极性和兴趣。

3. 培养学生的动手能力，要让学生探索、研究、体验知识形成的过程

让学生在操作中主动参与教学的全过程，就是让学生自己去操作、猜想、推导、验证，引导学生利用已有的知识和经验，自己去尝试解决新问题，探求新知识，力求做到凡是学生能够自己解决的问题都主动参与。学生在操作中探索，在探索中创新，不仅能学知识，而且能学方法，从而培养了获取知识的能力，同时提高了手、脑、眼、口结合的能力。这样的教学既深化了学生所学知识，又培养了学生的创新意识和实践能力。

总之，让学生动手，应该作为实现教学目标的一种重要措施，应当有目的、有计划地贯彻于教学的全过程。学生动手能力的培养是需要一个长期的过程的。有些人总希望能总结出一些很具体的知识，以为只要教了这些知识，学生的动手能力就提高了。这实际上是把能力知识化了，把动手能力的培养简化成知识的“灌输”。实践证明，这样做，学生动手能力的提高是非常有限的。

总而言之，在一起做月饼的活动中，学生们经历了从好奇到喜欢，从尝试到学会的过程，了解了蕴含在月饼里的文化，知道了有关月饼的故事，学会了月饼的制作方法，培养了学习意识、动手能力、合作精神！

静待花开

——与家长有效沟通，实现家校合育

深圳市大鹏新区大鹏中心小学　陈建云

案例呈现

故事缘于一套校服。

开学后的第四周，学校组织全校师生拍摄学校素质教育宣传片，要求全体学生必须穿校服。虽然开学伊始，大部分家长已经将校服备好，但因我带的是一年级新生，所以我特意在QQ群里再次提醒家长：还没有校服的请务必在周末帮孩子买好校服。虽然我千叮咛万嘱咐，还是有人不按常理出牌，那就是小琴——一个做事慢条斯理、文静内敛的女孩儿。反复提醒确认的工作出了“意外”，我不免黑着脸将小琴叫来询问，性格偏内向的她看到我一脸严肃，低着头眼泪汪汪地说没穿校服是因为妈妈将这件事“忘记”了。考虑到家长可能确实是因工作原因而忘记帮孩子买校服，我这才缓和了语气，安抚起这个“脆弱”的“幼苗”来。出于了解她家庭环境的想法，我对她由开始的安抚渐渐转为了解性的谈心。不曾想，十几分钟的交流，竟从她口中了解到她妈妈所谓的“忙碌”居然是在麻将桌上！这让我的火气开始“蹭蹭”地往上冒：怎么还有这样的家长?!

这位妈妈当真如此不负责任？我在其他家长和小琴身上开始了调查。多方交流后，我压着火气拨通了小琴妈妈的电话，没想到更让人气愤的事情发生了——当我询问小琴妈妈是否知道我给她打电话的原因时，她竟然理直气壮地说："知道呀，因为我家里穷呗!!!"这样的回答让我愣住了，从教十几年来，这是我第一次听到家长如此刺耳的话语。可据我了解，小琴家里可是有着几千块钱一张的麻将桌，何至于连几十块钱的校服都买不起？沉思片刻，我平复了自己的情绪，对她说："小琴妈妈，你知道吗？做班主任的必修课之一就是了解并掌握学生及其家庭情况，所以对您家里的情况我还是有所了解的。……"接下来的十几分钟，我将了解到的信息一字一句地说给她听。电话那头的小琴妈妈被我的"连番轰炸"给震慑住了，许久没吭声。或许她压根没有想到自己平时的"忙碌"会被我了解得如此清楚，也压根没想到自己平时所谓的"忙碌"给女儿带来了如此多的失落。在接下来的交谈中，她的语气谦卑了许多，还很坦诚地说以前自己也是这样做的，但从来没有哪个老师这样说过她。

被我"狠狠地数落"一番后，小琴妈妈开始不安了，这种不安迫使她不断重新认识自我和周围的世界，并尝试去改变自我。为了更深入地了解小琴的生活环境，我跟邹老师一起到小琴家进行家访。得知老师要家访，内向的小琴可兴奋了！倒是小琴妈妈刚见到我时特别拘谨，真可以用坐立不安来形容。为了缓和气氛，我特意跟她拉起家常来，还对小琴的表现进行了肯定与鼓励。渐渐地，小琴妈妈缓解了紧张的情绪，主动自我检讨起来，还很真诚地向我道了歉。

在接下来的日子里，她对我可以说是"言听计从"：检查孩子的作业、关注孩子的学习动态、询问老师是否需要帮助等。随着她的改变，我开始对她"苛刻"起来：每当她跟我抱怨小琴太懒、太胆小、太拖拉、太笨时，我都会"狠狠"地批评她，告诉她不可以说我的学生（她女儿）半点不好。每每如此，小琴妈妈都会用诧异的眼神看着我。

为了让小琴妈妈了解小琴的在校情况并更好地配合我工作，我还特意邀请她走进我们的课堂。走进课堂的小琴妈妈既紧张又激动，但当她看到小琴高高举起的小手和大方自信的表现时，小琴妈妈的眼睛里是满满的感激之情！见证了孩子的"蜕变"，小琴妈妈更加主动地配合我的工作了。在我们的共同努力下，小琴开始主动跟同学一起玩，并学着独立解决问题。看着越来越大方自信的小琴，小琴妈妈也渐渐与我一起在“施肥、浇水”中静等花开！

一年的相处，让我们彼此都收获了许多。学年末，小琴妈妈悄悄告诉我一个小“秘密”：小琴说如果我不跟着教二年级，她就不想读书了！虽然童言无忌，却让我备受感动！

问题与对策

1. 了解学情

学生在成长过程中，在家庭和学校所耗的时间最多，自然家长和老师对其成长的影响也最大。因此，家长和老师之间的沟通是非常必要且重要的。但因为每个家庭的情况都不尽相同，所以我们首先要做的是多渠道了解学生及其家庭情况。都说“知己知彼，百战不殆”，这在教育中也同样适用，教师只有了解学生及其家庭的情况，才能做出正确的判断，并根据不同的家庭情况采取相应的教育措施。

2. 有效的家校沟通

作为一名教师，尤其是班主任，一定要学会与家长沟通。与家长沟通好了，可收到事半功倍的效果；反之亦然。而从家长方面来说，适时地与老师进行有效的沟通，并与老师达成培养孩子的共识，对孩子的健康成长无疑是非常有帮助的。然而很多家长却无视自己在孩子成长中的作用，部分老师对此状况也只能是无奈叹息，最终受伤的自然是孩子。

那么，作为一名教师应该如何与家长有效沟通呢？在网上一查，以老师说“好话”、表扬鼓励为主的观点占据了我的眼球。这些方法本身是没有问题的，但前提条件是你遇到的是素质较好，能替孩子着想且愿意为之付出的家长。如果你碰上的不是这样的家长，此方法便行不通了。这不由得让我想起哈佛校长在2016年学生毕业时演讲中的一段话：好的教育之所以好，是因为它让你坐立不安，它迫使你不断重新认识我们自己和我们周遭的世界，并不断去改变。正如小琴妈妈，长期以来对孩子教育的放任，让她忘记了孩子的成长需要良好的家庭教育，而自己作为家长也同样需要改变。正是班主任一番让她坐立不安的话语，让她“幡然醒悟”，并重新认识、改变自我。

感悟与反思

再看小琴的案例，如果我当初无奈于小琴妈妈的行为，不跟她“计较”，或许她就没有那么早体会到家庭教育对孩子的影响，小琴也就不会有这样的成长。而作为班主任的我，也就收获不到这份难能可贵的感情。所以，我一直庆幸自己说出了那番让她坐立不安的话语。如果我当初不想惹麻烦，只需不让小琴参加学校素质教育宣传片的拍摄即可。但做教师的本能让我为学生“打抱不平”了。有人说教育是唤醒，确实如此，就如小琴妈妈，如果不是我的那番话唤醒了她，让她坐立不安后反省自己的所作所为，也许她还沉沦在她的麻将世界里，对孩子不管不顾。

对于小琴妈妈，如果我当初好言相劝，也许她依旧会我行我素，对孩子不理不睬。相反，让她坐立不安的话反而惊醒了她，让她重新思考自己的教育方式并不断进行自我反省。作为教师的我们应该追求丰富多彩的教育行为，力求用更多的教育方式去打开千差万别的“锁”。

“邋遢大王”变身记

——如何让学生养成良好的卫生习惯

深圳市大鹏新区大鹏中心小学　钟雪玲

案例呈现

课间，小玉跑过来，把我拉到小华的座位前，指着他的抽屉对我说：“老师，您看，小华的抽屉里都是垃圾，还有发臭的牛奶盒呢。”

“平时他的座位底下都是垃圾，我给他说了好多遍，他就是不捡，导致我们班的流动红旗这周又‘漂’走了。”卫生委员小敏愤愤地说。

坐在旁边的小明也争着向我告状：“他的指甲也很久没剪了，昨天还抓伤了一位同学呢。”

“老师，小华的身上好臭哦，我不想跟他一起坐了。”小华的同桌小美，轻掩着鼻子对我说道。

听着同学们对他的抱怨，我仔细地打量着他，一个长得眉清目秀的小男孩。但在生活中，他就是一个“邋遢大王”，头发永远像个鸟窝，鼻子里的鼻涕总是往外流，时不时地用袖子去擦一下；眼睛上总是布满眼屎，在眼角形成了几条白线；再看他衣服，唉，不仅有黑灰还有白白的墙粉呢！这是一个怎样的“邋遢大王”啊！

我问小华：“你都什么时候洗澡啊?”

“妈妈说一个星期洗一次就好了。”

“这大热天的，怎能不每天洗澡呢?”我忍着他身上散发出的阵阵汗臭味说，“你今晚回家就洗澡，明天让老师闻到香香的你，好吗?”

小华一脸无辜地应着："好的。"

可第二天，他仍旧这样。他为什么会这样邋遢？我想肯定是有原因的。也许，这跟他的家庭教育有很大的关系。我决定放学以后，去他家看一看。

放学了，我跟小华的父母约定去他家拜访。我特意穿得整整齐齐，还画了淡妆，打扮得漂漂亮亮的，带上了两本关于培养孩子良好行为习惯的绘本，敲开了他们家的门。当我推开他家大门时，我被眼前的景象惊呆了：一股霉味扑鼻而来，天花板上一盏昏黄的灯摇摇欲坠，客厅里堆满了各种各样的东西。我尴尬地走了进去，发现想找个干净的位置坐下来都很难。此时此刻，我明白小华为什么会这样了。原来他的家庭环境就是如此。当我把小华在校不讲卫生的表现反馈给他的爸爸妈妈时，小华妈妈却不以为然，对于他们现在的居住环境也振振有词："生活就应该如此随心所欲，不然就不叫恣意人生了。"

可是，孩子不能这么随性啊，他还要生活在班级这个大家庭里。我知道，我无法改变家长，那么就从孩子入手吧。我思索着，该如何让小华认识到错误，并愿意去改变呢？我决定先用故事的力量去感染他，给他讲垃圾车从臭臭转变成香香的故事；和他一起看动画片《邋遢大王历险记》。通过生动有趣的动画片，小华似乎明白了，不讲卫生就不会有朋友。

接着，我在班级开展个人卫生"小标兵"评选，让小华来当评委，检查班上同学的个人卫生，同时也让他警醒并鞭策自己，可这些做法也收效甚微。在一次春游活动中，小华主动捡起地上的垃圾，获得了校外辅导员奖励的"环保小卫士"勋章。看到小华那骄傲的神情，我知道，他是可以改变的。于是，我大张旗鼓地表扬他，选他做我们班的劳动委员。从此，这个"邋遢大王"悄悄地变了，他的口袋里多了一条小手绢，每天脸上都干干净净的。有一天，他还悄悄告诉我，他每天都洗澡、洗脸了。

六一儿童节游园活动那天，每个学生都获得了很多的奖品，有吃的、有玩的。节日的欢乐洋溢在每个学生脸上，教室里一片欢腾。他们快乐地分享着零食，吃着、笑着、交谈着。只有小华，从书包里拿出了一个垃圾袋，行走在教室里，让同学们把垃圾丢到他的袋子里，不厌其烦地一遍又一遍……

我走进教室，看到此情此景，无比感动，赶紧用手机记录下了这美好的瞬间，然后走到他身旁问道：“小华，你的奖品呢？吃完了没有？”

“没有，我想着同学们在吃东西，如果把食品袋子丢到教室里就不好了，我带了垃圾袋来把它们收集起来，等把垃圾丢了，我再吃东西。”

“看到大家都在吃，你不想吃吗？”

“想吃啊，但是一想到教室会很脏，我就想先清理。班级是大家的，班级干净了，我们也就不生病了。”小华憨憨地笑着对我说。

这是一种什么力量，能让一个孩子忍住吃零食的欲望，做着这一件看似平常却又不平常的小事？我想，那是因为孩子心中，有了讲究卫生、爱护环境的潜意识，这意识已转化为一种责任。而这份责任，让他对自己、对同学、对班级有了更高的要求，促使他忍受着零食的诱惑，为班级创造干净的环境。

这平时邋邋遢遢的“邋遢大王”，华丽转身，变成了主动改变自己，默默地做着让班级变得更美好的事情的“小王子”。

问题与对策

1. 转变角色

在班集体中，常常会遇到这样不讲卫生、不顾形象的学生。作为班主任，我们该如何转变这类学生？心理学中有一个原理，即角色感带来责任感，责任感带来自控的行为。只要遵循这个原理，学生的很多不良行为都是可以改变的。

小学阶段是学生行为习惯养成的最佳时期，也是学生形成自主教育、自我管理的重要时期。要让学生养成良好的行为习惯，培养自我管理的能力，首先应帮助学生树立具有正能量的角色，让他从被管理者转变为管理者。在角色的转变中，引导学生服务同学、改正缺点。同时，这些学生在扮演管理者的角色中，收获了老师的赞誉、同学的肯定。这份赞誉和肯定又会增强他们的自信心，促使他们提高自我管理的能力，然后给自己提出更高的要求和目标，让自己做得更好。

2. 追根溯源

家庭学和心理学的很多研究证明，一个人的行为习惯和他的原生家庭有着千丝万缕的联系，这种联系有可能影响他的一生。但这种影响可能是好的也可能是不好的。小华的原生家庭对他的影响就是不好的，父母生活中的随心所欲，使得小华毫无卫生意识。但是，当我们转变了学生后，他的良好行为也会影响到父母，让他的父母因他而改变。

3. 采取各种措施

为了让小华养成良好的行为习惯，我给他讲故事、看动画片、让他转换角色、给予他荣誉等，并请身边的老师和同学对他进行监督、鼓励和肯定，以此来引导他养成良好的行为习惯，并长期坚持，最终让好习惯成为自然。学生的不良行为真正改变后，才能慢慢地朝我们期待的目标迈进。

感悟与反思

一年级学生习惯的养成要耗费班主任很大的精力。对于这些生活中衣来伸手饭来张口的学生们来说，他们本身对卫生习惯、自身形象就没有什么意识。而当原生家庭在这方面给予学生的影响是负面的时候，教师想改变学生就更难了。

当我们遇到这样的“邋遢大王”时，不能盲目地、急切地就问题讨论问题、解决问题，而应该到学生的原生家庭中去追根溯源。找到问题症结后，再为学生量身制订教育的对策，进行正面的引导，让他意识到不讲究卫生、不注意自身形象，将带来严重的后果，然后一步一步地引导他改变不良的行为习惯，养成良好的行为习惯。

最后，巩固良好习惯，让好习惯成为自然。一年级的学生毕竟还小，要想让他们的好习惯成为自然，就要让他们从意识中去改变，在重复的行动中去巩固。心理学研究指出，一种看似简单的行为，如果你能坚持重复 21 天以上，你就会形成习惯；如果坚持重复 90 天以上，就会形成稳定的习惯；如果能坚持重复 365 天以上，你想改变都很困难。

一个学期过去了，看着小华从满脸鼻涕的“邋遢大王”转变为干干净净的小少年，还能自觉讲究卫生，成为同学的榜样，我感到很欣慰。

我相信良好的卫生习惯已成为小华自然的行为，他将开启美丽的人生。

让“星星”更加闪亮

——关注学生的特殊行为，合理归因

深圳市大鹏新区大鹏中心小学　陈群

案例呈现

新学期，新班级，第一天，我在讲台前填表格，学生们在座位上翻看新书。“嘭”的一声巨响吸引了我的注意，只见第一组第一排的一张桌子倒了，一个小男孩坐在椅子上，一只脚还搭在桌子上，表情有些复杂。此刻全班寂静，学生都在观察我的表情。我平静地走向他，拿起一本书，翻看了一下，俯下身说：“你叫星啊，才二年级，力气可不小哦，能把这张桌子扶起来吗?”我能看出星的眼睛一亮：“能。”说完，他把桌子扶了起来，我摸了一下他的头，走上讲台继续填表格。

接下来的一段时间，我的耳边总是充斥着投诉星的声音。一边是学生们的：“老师，星在地上打‘枪战’，班干部说了，他还不听!”“老师，星故意伸脚，把小美绊倒了。”“老师，老师，不好啦！星把厕所的门给踹坏啦!”一边是科任老师们的：“陈老师，你知道星刚刚在课堂上干什么？打架啊！在我的公开课上和同桌打架!”……打电话给星的妈妈，邀请她来校沟通，电话那头，星的妈妈一直重复着：“老师，不是我们不想管，我们也管了，管不住。我们是社会底层的人啊，我们还要上班，平时我都是晚上7点多才下班，我们都不知道怎么办了……”

既然家长很忙，没时间过来，那么我只能家访沟通了。放学了，在星的带领下我来到了他家，一间房子里面杂乱无章，我环顾四周没找到一张可供写字的桌子。“星，把你这些破书拿走，成绩不好，还尽看这些破书。陈老师，不好意思，家里乱，您坐，他爸爸还得上夜班呢。”星的妈妈一边随手给了星一巴掌，一边请我坐下。星红着眼睛收拾着地上破烂儿般的书，我拿过来看了看，是关于车的图画书：“星，你喜欢这本书？要不你给我讲讲？”我似乎从星的眼睛中看到了一丝闪亮。第二天，午写课上我拿出一本本介绍车的图画书，带着他阅读起来。那一周的阅读课上，我们分享了关于车的绘本，星表现出了前所未有的认真。课后，我给星组建了个爱车阅读小组，课后三位小伙伴陪着星一起看关于各种车的书。

校运会到了，星很积极，一口气报了三个项目，扔铅球、4×100米接力赛、男生100米。在男生100米比赛中，星不小心跌倒了，随即爬起来，接着跑下去。等他下场，我才看见，他右膝上破了一层皮。带他去医务室处理伤口的时候，我问：“不疼吗？怎么还接着跑？”“我想拿第一。拿第一，咱们班能加分呢。”看着他低着头忍着泪，小声回答的样子，我什么也没说，只是紧紧握着他的小手。运动会结束后，我在班上，给星正式颁奖，大大表扬了他为集体不怕疼的精神。在全班同学的掌声中，星的脸上带着骄傲且腼腆的笑容。

在一次主题为“我要表扬你”的班会活动中，从老师到同学都给予了星肯定的评价。这个说：“上次我跌倒了，是星把我扶起来的。”那个说：“星不再趴在地上了。”美术老师说：“上次星在美术课上画的消防车得了第一名呢。”体育老师说：“星的身体素质非常好，体育课上小动作少了很多。”星的脸上洋溢着幸福的笑容。

半个学期过去了，需要进行班干部轮换竞选。竞选前，我跟体育老师商量，给星一次机会，让体育老师推荐他做体育委员。竞选班干部的班会课上，在体育老师的举荐下，在同学们的赞同下，星最终成为体育委员。从那以后，每次体育课前，我都能听到星的声音：“下节课是体育课，快出来排队！半臂向前看齐！”

看着星昂首挺胸的样子，我想：这颗星还会更加闪亮！

问题与对策

每个班上都有些特别的学生，他们用自己的方式寻求着教师的关注，然而却时常成为教师头疼的所在。作为教师，我们该如何去对待这样的学生呢?

需要时刻获得他人的关注是人的天性，学生的特别行为往往是为了显示自我，以吸引同伴或老师的注意力。当我们认识到这一点时，便可以静下心来处理。

1. 暗地观察，全面了解

每个学生由于家庭背景、成长经历、个性兴趣的不同，都会有自己独特的个性和行为方式。接手新班级，遇到这些“爱表现”的学生，作为班主任，如果一开始就是责骂，只会让学生产生反感。一动不如一静，我们可以选择暗地观察学生的课内外行为，从其他科任老师处了解情况，和家长保持沟通，适当时候选择家访，了解学生在家的表现，制订有针对性的教育措施。

2. 合理归因，发现问题

每个学生的问题行为都存在着内部和外部的原因，要相信他们的本质都是善良的，他们都希望自己能为所在的班集体做贡献，他们也希望自己能够被他人肯定。德莱库斯说过：“如果一个孩子没有机会通过平常的作为来获取地位，他就通过引人注意的行为来证明自己在课堂上的地位。”在家中，星的父母忙于生计，无法给予星足够的关注；在学校，星由于成绩不好被教师忽略；时间久了，他自然会通过消极行为去寻找存在感。

3. 给予平台，树立信心

当下的教育评价机制不能让每个学生都获得应有的合理的评价。

教师如果过多地关注成绩，会让部分成绩不优秀却有特殊才能的学生日渐消沉。当他们希望依靠消极行为寻求关注而无果的时候，往往会自暴自弃。案例中的星在体育方面有着自己的过人之处，那么就让他意识到自己的优点，让他获得全班同学的认可，并通过对他这一优点的激励带动他其他方面的进步。

感悟与反思

1. 发现并满足学生真正的内心需求

苏霍姆林斯基说过，每一个孩子在内心都是有做好孩子的愿望的。教师在面对学生一系列的消极行为时，如果只是简单粗暴地惩罚或一味地批评，只会让学生潜意识里认为自己真的不是好孩子，他只会越来越消极。班主任需要做到的就是不贴标签，不轻易下定论，走近学生，给予学生关注，带领他慢慢进步。

2. 建立并维护让学生有安全感的班级环境

班集体是除了家庭外最能给予学生安全感的地方。在一些特殊的家庭，父母以各种理由忽略了自己的孩子，无法做到真正地认同孩子，导致孩子极度缺乏安全感。那么，在学校，班主任需要不断地营造氛围、设计活动，让这些态度消极的学生感受到来自同学、老师的认同，在一次次活动中感受到班集体的温暖，感受到他自身对于班集体的价值。在这个过程中，整个班集体也会更加具有凝聚力。

两个"药方"

——培养学生良好的学习习惯，增强学习动力

深圳市大鹏新区大鹏中心小学　余雨轩

案例呈现

9 月开学。我初来乍到，初任班主任，初见一群活泼可爱的学生，一切都是那样新鲜。

语文课上，同学们正起劲地读着古诗，摇头晃脑，手舞足蹈，好不欢乐。与此同时，一个小个子、圆脸的男孩引起了我的注意：只见他时不时拿出白纸折叠，又在上面涂涂画画，偶尔还跟"左邻右舍"交换一下眼神。我看着这一幕，心中泛起嘀咕："是不是他早已学会古诗而无所事事?"所以，检测朗诵时，我径直走到他跟前："请你来吧。"他显然愣住了，两只眼睛圆鼓鼓地看着我，我微笑着给了他一个鼓励的眼神。他缓缓起身，拿起书，慢慢吞吞地翻到古诗这一课。我的目光随即落在了他那干净的课本上，不着一字，毫无翻阅过的痕迹。只听他一字一顿地开口了，声音不大，皱着眉头，把书尽量往眼前推，仔细辨认着这一首诗的每一个字，我可以感受到他很努力地在大脑"字典"中飞速查阅着，可 28 个字的古诗他依旧念得磕磕巴巴。在同学们的帮助下，他勉强读完了。我在心中深深地叹了一口气，同学们叽叽喳喳地小声议论着。

下课铃声响起，我回到办公室，改起作业来。一本本字迹娟秀的作业让我慢慢走出课堂上给我带来的阴郁。然而，接下来的一本作业

影响了我的心情。看着眼前的书写，我想到了笔走龙蛇、龙飞凤舞……那叫一个歪扭，潦草得不着边际，没有所谓的格式，亦不明白写的是什么！我想这个学生的心中一定住着一匹野马，而作业是他的草原，看看名字，赫然写着：小誉。是他，课堂上那个小男孩。

接下来的一周，无论是课堂表现还是作业情况，小誉一直在“重复着昨天的故事”。同学们告诉我，小誉在过去的3年中，经常不写作业，老师批评也没有用。我翻看他从前的成绩单，嗯……的确是“不同寻常”的学生。

经观察、多方了解、谈话后，我摸清了小誉的情况，第一时间联系了他的家长。促膝长谈后，我每天都能收到小誉家长关于小誉家庭学习的反馈了，往往是一张图、一段录音，附带一句话。

“老师，这是小誉今晚的作业……”

“老师，这是小誉今晚的朗读录音……”

第一个“药方”下药不重，只需家长坚持不懈的监督与反馈而已。

眼看效果不错，我顺势开出了第二个“药方”：开了两次主题班会“你真的很棒”与“助你一臂之力”。这两次班会的主题一脉相承，都有为期一周的带着任务的观察。看似惠及全班，实则暗中与同学们商量好，重点观察小誉，尽可能多地发现小誉的闪光点，并暗中安排了不少同学帮助小誉提高学习兴趣。

班会课上，小程说：“上周二跑操，领队生病了，小誉主动带领同学们跑。”

小段说：“周四的时候，打扫卫生的同学走了，是小誉主动帮助打扫的!”

一时间，班里兴起了一股“慧眼识人”及互帮互助的好风气。这一股风吹得小誉“扶摇直上”，他不但每天完成作业，作业质量也在提升。

一次，他竟然在阅读笔记中创造性地配了插图，这可把同学们惊呆了，也使我如获至宝，欢喜异常：“这是我所见过的最漂亮的画，从中我看到的是一个男孩的认真与用心!”小誉红了脸颊，憨憨地笑着。是的，用赞赏之言“滋养”他，事无巨细地关注他，为他“活血化瘀”，小誉在大家的引导下也主动与懒惰抗争，以求进步，以求得到更多的夸奖。

依旧是在语文课上，进行某个知识点的口语交际训练时，小誉又给了大家新的惊喜，他说：“下午放学，我在学校小笨钟下写作业。天渐渐黑了，小笨钟通身都亮了，像是使尽全身的力气喊我回家。”同学们被他精彩的发言震惊了，将一阵热烈的掌声送给了他……

“良药”在发挥作用，“药效”显而易见，令人欣慰。

在六一游园会上，他将自己获得的唯一一瓶酸奶送给我，没说一句话，只是笑着跑开了。

问题与对策

当学生没有良好的学习习惯、缺乏学习的动力时，教师如何帮助学生转变?

小学生没有良好的学习习惯、缺乏学习动力是由多种原因造成的，如没有激发出对学习的兴趣、家长不正确的教育理念、缺乏学习成功的体验等。因此，要想帮助学生转变须从多个方面着手。

1. 家校合作促进步

每一个孩子都是家庭的缩影，此话不假。案例中，小誉的父母之前并不重视他的学习，致使他养成了不好的学习习惯。转变思想后，小誉的父母开始关注并督促小誉学习，使他有了很大的进步。

在任何有关学生教育的问题上，家、校都应该保持一致。事实上，班主任只要是真心为了学生好，与家长之间是很容易建立起相互支持、相互帮助的家校关系的。也只有当学校与家庭联合起来对学生施加教育时，方能破除 5+2=0 的魔咒。

2. 班级共筑心理场

记得有这样一句话：同一个人，在不同的环境里，可能会出现不同的思想及行为，环境如同一只无形的手，可以改变人的思想，扭转人的行为。美国心理学家勒温将个人所处的空间称为"场"，班级的人、物、文化等各种因素相互作用构成了一个"心理场"。案例中，我们召开了一脉相承的两次主题班会，在班级里构建了一种上进、互助、团结的心理场，使小誉在这种氛围中潜移默化地改变，自然而然地追求进步。

3. 赏识激励鼓人心

有人曾说，对待学生不是在鸡蛋里挑骨头，而是从骨头里挑肉。哪怕是找到一丁点儿肉丝，也要将其看成一块好排骨，给予赏识和激励。对于上课没有倾听习惯、课后没有作业意识的学生来说，挨批评是家常便饭，对此，他们早已练就神功——左耳进右耳出。教师如果继续使用批评这一招，除了使其产生厌烦与抵触的情绪外，还会伤及他们的自尊。教师不如转变思维，来一招"反弹琵琶"——赏识他，激励他，攻其心理弱项，滋长其荣誉之心，唤醒其上进之心。

感悟与反思

对于现在的学生来说，学习动力不足是非常普遍的现象。班主任时不时会遇到学生上课注意力不集中、作业不完成、态度不端正的情况，此时切忌对学生大发雷霆、大声训斥，而应当同中医行医一样，经过"望""闻""问""切"全面诊断后，对症下药开出合适的"药方"。

案例中，我联合家长一起督促小誉，攻其惰性；调动同学们的力量去营造和谐上进的心理场，影响他，熏陶他；也用赏识、激励唤醒其内驱力，助其上进，体验成功。

对学生的教育必须持之以恒，在不同的时期要经常调整"药方"，调整"剂量"。在学生进步的同时，教师也应该不停地汲取营养促使自己成长，以后才能更准确地"把脉""开药方"。

昔日“大魔头”，今朝“小绅士”

——转变品行有偏差学生的教育策略

深圳市大鹏新区大鹏中心小学　欧艳

案例呈现

“欧老师，浩浩揪女同学的辫子了！”

“救命呀！浩浩想拿拖把给我们洗脸！”

“欧老师，浩浩在桌上乱涂乱画，画了一只大乌龟，非说这是您的画像！”

……

由于父母忙于麻将馆的生意，疏于对孩子的教导，浩浩一入学，就成了“风云人物”。不光是同学们叫苦连天，老师们也都抱怨不断。

“你们班的浩浩，专门跟我作对，考试时我让他写快一点！结果我批卷时一看，上面就只有三个字‘快、一、点’！‘快’字还写错了！”“今天上美术课，我跟学生说：‘小女孩的脸颊，红扑扑的像苹果一样，我们要给她的脸蛋涂点红色！’结果浩浩来了一句‘红扑扑的像猴子屁股一样’，学生一下子都笑翻了！怎么会有这样的孩子呀！”“浩浩太不像话了，故意把姜老师喊成‘老僵尸’，我批评他，他居然还嬉皮笑脸地辩称自己不小心喊错了！”……

浩浩长得像小猴子似的，身子瘦瘦长长的，小尖脸，头发有点自然卷，那双扑闪扑闪的大眼睛中常常流露出一丝狡黠；不但各科成绩让老师们头疼，行为习惯更是令我这个班主任扶额叹息。同学们想带他来办公室时，他左躲右闪，不肯就范，一副“你来呀！你来呀！”的挑衅姿态。于是，他又有了新的称号——大魔头。当别人咬牙切齿地冲他喊出这三个字时，他不以为耻，反倒有些自鸣得意。

我与浩浩的妈妈进行了一番详谈后，马上就发现了导致浩浩这个样子的原因。忙碌的父母经常简单粗暴地拒绝他的请求，如他想听妈妈讲故事，妈妈却忙着招呼麻将馆里的客人；他缠着爸爸带他去看科技展，爸爸却一把将他推开，呵斥着：“别烦我，滚！”；他满心欢喜地把小纸船放在爸爸的枕头上，又被爸爸当作垃圾扔掉了……类似事件，不胜枚举。由此可见，浩浩几乎从未如愿以偿地得到过父母的关注。

他如此顽劣地挑衅同学、与老师作对，也许就是渴望被众人关注吧！哪怕被大家当作“大魔头”，也比被当作空气强呀！他的初衷合情合理，方式却大错特错。以往我总是一味呵斥与批评他，却未曾料想——这个顽皮的学生，只是渴望众人的目光能聚焦在他身上，哪怕是嫌弃、鄙夷的目光！

于是，我对浩浩进行了一次家访，我苦口婆心地劝说浩浩的父母多关注他，我对他们表示，浩浩希望引起旁人的注意，可是由于年龄小，缺乏正确的方式方法。他之所以甘愿做一个“大魔头”，是因为他错把众人的斥骂当成一种获取存在感的方式！

浩浩的父母这才认识到问题的严重性，开始配合我们的工作：爸爸和孩子一块儿探讨数学题，妈妈带着孩子读绘本；有时父子比赛写字，有时母子共同烘焙；一家人有时漫游书城，有时去郊外野餐，有时露营烧烤……在微信里，浩浩与他的父母与我分享了好多有趣的家庭照片，每张照片都搭配着家长和浩浩自己的解说，我也会逐一点评鼓励。

慢慢地，他的书写、朗读、口头作文各方面都有了很大的进步，他每一次发言，我都会奖励他“阅读星”的贴纸。当他在午读时调皮捣蛋时，我总是温和地提醒：“你可是‘阅读星’哦！别让星星的光芒变暗了！”他一听，脸上就会露出不好意思的神情，乖乖地翻开书专注地看起来。

渐渐地，他成了小组合作讨论的核心人物，甚至还教别的同学认字、组词、造句。“浩浩，请问这个字怎么读?”“浩浩，能教教我这道题怎么做吗?”……同学们的态度，有了一百八十度的大转变。

他的成绩出现了飞跃，先是迈过及格线，再跨过了80分的坎，接着又跻身90分的行列。现在他已成了我的得力助手，每天收发作业，给同学们奖励贴纸，俨然是一位小绅士。在主题为“每个人都不一样”的班会活动中，同学们议论纷纷：“浩浩的进步太出乎我的意料了!”“现在不能叫他‘大魔头’了!”最后，大家送给浩浩一个新的称号——小绅士。

我问浩浩：“‘大魔头’和‘小绅士’，你喜欢哪个称号?”浩浩有些难为情，他想了好一会儿，怯怯地说：“欧老师，其实我一点儿都不喜欢别人叫我‘大魔头’，我有时还因为这个偷偷哭！可是不做‘大魔头’，就没人理我了!”我欣慰地笑了，说：“怎么会没人理你呢？你现在成了‘小绅士’，大家喜欢你还来不及呢!”

问题与对策

浩浩，一个7岁的一年级学生，成绩严重落后，品行出现偏差，让老师们头痛不已，还被同学们称作“大魔头”，可他还一副以此为荣的姿态。如果浩浩的这种状况不能得到有效改善的话，就会进一步加剧。我们该怎么做呢?

1. 了解学生，寻根溯源

学生品学不佳，家庭因素不容小觑。在本案例中，我通过家校沟通，锁定了浩浩品学不佳的症结所在——缺乏父母的关注与呵护。在家庭中，孩子的重要他人就是父母。浩浩常常感到自己被重要他人无视，这种状况使得他否定自己：我没有被爸爸妈妈关注，没人在乎我，我一点儿也不重要。长此以往，他的自尊心就会被不断削弱，内心充满焦虑，在与人交往时也没有边界意识，常常做出一些出格的行为。

2. 家校合作，联手“教育”

建立紧密有效的家校合作对转化浩浩这样的“问题生”至关重要：（1）通过家访，向家长强调父母的关注对浩浩的成长具有重大影响，以得到家长的理解与支持；（2）和家长定期联系，保持家校共育的连贯性和一致性；（3）运用微信评价、朋友圈展示、语音互动等多种方式，让浩浩在家庭活动、家校分享中感受到自己是被父母关注、被老师关爱的。

3. 依靠集体，相辅相成

在日常教学中，我有意识地让浩浩展示长处，鼓励他发挥自身长处帮助他人，进而获得集体的赞赏，使得他和集体的关系日益紧密，人际关系得到明显改善。我还组织班会活动，发动学生对他的改变和进步进行积极评价，不断淡化他以前的不良表现，提升他在集体中的整体形象。

感悟与反思

转化“问题生”“后进生”，不是一朝一夕能够完成的，我们一定要做好打“持久战”“攻坚战”的准备。因为品学不佳的学生往往在入学前就已经形成了各种不良习惯。我们应该怎样做才能转变他们呢？

首先，我们应该心平气和，认真“看诊”，客观地观察并记录学生的日常行为中有哪些“症状”；其次，确定症结所在，透过现象看本质，分析学生品学不佳的表现背后隐藏的家庭、环境、性格等因素；再次是对症下药，通过家校合作、在集体中教育个人、依靠优点转化缺点、建立长效奖励机制等方式重建学生的自信，不断从正面强化他的进步。另外，爱心、耐心、细心这三味“药”要贯穿始终，当学生

“病情反复”时，班主任要理智看待，温和提醒，切忌斥骂打压，否则极有可能“一朝回到解放前”。

班主任只有凡事包容、凡事相信、凡事盼望、凡事忍耐，才能彻底转变“问题生”“后进生”，并促进他们向好的方向发展。愿我们都能成为学生成长路上的转变者、指路人，做一名真正的智慧之师。

让“奇葩”真成奇葩

——如何对认知错位的学生进行有效教育

深圳市大鹏新区大鹏中心小学　游明星

案例呈现

新接了一个班，班上的学生小志，真是让人欢喜让人忧。课堂提问时，总少不了他那高举的小手；作文中，他精彩的表达总是令大家赞叹。但是，那天他把我吓了一跳。

上课时，小志没专心听讲，而是悄悄地跟同桌嘀嘀咕咕地讲话。我看到了，直接点名批评了他。这下不得了了：小志噌地站起身，脸憋得通红，突然，他一把抓起旁边的水壶，朝着自己的脑袋砰砰地砸了起来。我慌忙上来抓住他的手，可他又大声地吼道：“我要跳楼！我要跳楼！”同桌抢过他的水壶，他立刻转头就开始叫骂……

终于控制住了局面。下课后，在其他老师和学生那里，我了解到小志之前也经常出现类似这样的“奇葩”表现。

经过不断和小志家长接触，我还了解到，导致他情绪易波动的最大原因是家庭中父母教育理念之间的冲突。小志父亲管教孩子很严厉，觉得孩子哪里做得不好了就大骂甚至揍一顿。他认为孩子就是要由父母严格管教，孩子不听话、表现不好，该骂则骂，该打则打。母亲则认为孩子自然成长就好，处处宠着小志。小志父母一直以来不顾及小志的感受，各自采取自己认为正确的教育方式，没有想到会造成这样的后果。经过一段时间的家校沟通，小志父亲跟我交谈几次之后逐步认识到自己在教育孩子的方法上还要改进，回去和小志母亲交流以尝试改变家庭教育的理念，改进教育孩子的方法，但是遭到了小志母亲的拒绝并由此造成了夫妻间的不和。小志母亲认为："小孩子懂什么？我怎么做都是为他好啊！"

看来，指望小志的家庭对他实施有效教育和影响是不行了。我只好努力在学校教育上下功夫。

为了驱除小志的心理阴影，我和科任老师在课余经常有意无意地找他闲谈，让他帮我们收作业、发作业本；上课时极少公开点名批评他，发现他有所进步就及时表扬，经常对同学们说："看，我们的小志今天坐得真端正！""我们的小志同学回答问题真精彩。"……在有意无意的话语中，强化学生的集体意识，并通过鼓励让曾经边缘化的小志也深刻地感受到自己也是集体中的一员。渐渐地，小志开始喜欢和我接触了，有时还主动找我聊天。我不失时机地引导他："其实每个老师有每个老师的教学风格，表扬你的是好老师，批评你的也是好老师，爱之深，责之切啊！你的爸爸不也是这样吗？不能因为他责骂你了就认为他不爱你了啊……"他专注地听着我的话，那一刻，他眼睛里分明闪烁着愧疚。

触动了他的内心后，我决定实行"小步走，不停步"的战略，对他的每一次进步，都给予恰当的鼓励；对其不足，多给予正向强化，同时保持足够的耐心，引导他多看到自己的进步，让他的自尊心、自信心一步步树立起来。接下来，我联合各科任老师，以鼓励为主，通过承担责任、群组互动、心理干预等方式逐渐增强他的集体归属感。一段时间后，我们惊喜地发现小志在班级各项活动的影响下，逐渐变得阳光起来了，也喜欢与同学交往了，而且能够积极参加班级管理、年级管理，真正树立起了"让集体因我而骄傲"的良好心态。

为重塑他的自我认知，我抓住他的优势进一步进行了引导。班级书法比赛中，由于我的动员和辅导，他写得很不错，我特地给他评了一等奖，而且在班级中大肆表扬。他第一次在同学面前绽开了灿烂的笑容。

在这学期的大鹏新区语文主题阅读教学研讨会上，小志在课堂上的表现精彩极了，得到了听课老师们多次热烈的掌声。课后我及时鼓励他，告诉他，老师们都很欣赏他敏捷的思维和流畅的语言表达，以后要加油。他很激动，表示一定会更加努力。开学初，我带着五年级的他参与了南澳中学七年级师生写字经验交流活动，连续两节课，他的精彩表现令老师和同学们折服，他的口才和书写令很多中学生甚至老师自愧不如。

目前，小志的学习成绩一直保持优秀，他还积极参加各项比赛，如五年级数学的24点比赛，他的表现令观摩的老师赞赏有加；他的书法作品、作文等屡屡获奖……他父亲也反映他在家学习主动了，也乐于把班级的事讲给自己听了；对于父母的批评能虚心、客观地接受了。

静待奇葩开放，则能聆听花开的声音。反之，奇葩也就真成了“奇葩”。

问题与对策

这些由于家庭教育方式不当养育出的性格比较偏激、自我认知错位的孩子，在教育中并不鲜见。如何采取有效的措施对这类孩子进行行之有效的教育呢?

1. 不要吝啬对学生的激励

类似小志这样的学生，由于家庭教育方式不当，他们的内心缺乏阳光，在性格上最显著的特点就是自卑或攻击性较强。长期的镇压式教育，导致他们出现了认知上的偏差，使其难以了解自我的价值，从而过度自卑。面对这种情况，教师不可操之过急，不要把注意力集中在学生的不良表现上，要更多地关注他们的优点和特长；通过有意安排相关教育活动，引导他们发现自身的长处，准确地对自己的能力进行评估。我们的教育要有意地在这类学生身上慢下来，给学生一个放大镜，让他们看清自己，更看清自己的优势，使之逐步远离自卑，树立自信；要充分关注学生的一举一动，抓住契机表扬。

2. 不要忽略集体的力量

我们都是社会的一分子，群体的教育力量对每个人来说都是巨大的。因此，当班里的个别学生出现问题时，应借用集体的力量，通过履行群体责任、体现群体关怀、引导群体舆论等方式让学生在公共生活中找到自己的角色，并在集体生活中逐步认同并优化自身角色。此案例中的小志，原本因其个性偏激被集体逐步边缘化，使得本就自卑的他接近于自闭的状态，并在这种内心的极度矛盾中产生了攻击性行为，导致他在集体中的人际关系恶性循环，从而成为众多人认为的“奇葩”。为了引导他一步步打开自己的心扉，慢慢地转变看待周围事物的不正确思想，将自己融入集体中去，在针对他的教育中，教师应该扩大教育力量的来源：由班主任扩展至科任教师，由教师延伸至集体甚至是每个学生。当每一个人都和班主任步调一致地对其加以鼓励和关怀时，班级的舆论力量才能渐渐形成，对他的正面引导也才会在和善的氛围中逐步生发出力量来。万事难以一蹴而就，也就是在这样的润物无声中，集体中各样的激励方式使他一点点感受到大家传递给他的善意，使其自信自强，从而将注意力转移到父母、老师、同伴身上来，最终乐于接受教育者的教育，消除与所有人的隔阂。

感悟与反思

刚接手这个班级时，我对小志的情况不是特别了解，因此也没有特别关注，小志在和同学发生矛盾或者学习方面不如意时，我的处理也不够细致，再加上其他老师及同学也没有给予小志相应的关爱，这使得小志觉得世界上所有人都瞧不起他，觉得生活没有意思，常常自虐。在对这一案例的行动研究中，我认识到，学生年龄还小，思维能力和自我认知都不够成熟，很多时候犯错、闯祸远非他的本意，却得不到父母的宽容与理解。我想，在这样的家庭中，小志的情绪容易失控就是必然的了。正因如此，小志的这个案例也给了我很多教育上的启发。

首先，为师者，一定要细心、耐心。千人千面，每个学生因其不同的家庭背景和性格特征会有不同的表现。面对这些学生，教师绝不能以单一的标准去判定优劣。当学生的表现出格时，教师绝不能粗暴镇压，因为，任何表面现象都只是冰山一角，必须耐心地对其背后的原因做一番调查，绝不能简单地批评了事。

其次，为人父母者，应该给孩子更多的鼓励与包容，从小培养孩子积极乐观的心态，当孩子犯错时，一定要抓住时机，引导他们正确地对待，要知道乐观的心情能让挫折变小，能把坏事变成好事。父母要多关心他们，要与时俱进，不断更新教育理念，改进教育方法，要让孩子感到家庭的温暖、父母的关爱。

“借”来的荣誉，细心呵护学生上进心

深圳市大鹏新区大鹏中心小学　韩冰倩

案例呈现

一天早上，我刚进教室，就有一个小组长向我报告她的印章不见了。过了一会儿，又有两个学生说他们的书签也少了。这对他们来说可是大事啊：平时积攒的印章是用来兑换书签的，而书签的多少可是期末评比的一项重要依据！我陷入了沉思：不拿别的，只拿印章、书签，说明这个学生有很强的上进心，希望在各方面获得老师和同学的认可。想到这里，我决定先不做声，一边暗中观察，一边想办法。

在接下来的几天里，我对那些每次兑换书签时都格外积极的学生给予了特别的关注。几节课下来，我锁定了一部分学生……周五的大课间，小宇跑来告诉我：“我们组的佳佳得了好多张书签，还送给我两张呢！”当时的他满脸羡慕和开心，根本没有联系到失窃事件。我却暗暗地起了疑心：佳佳平时默默无闻，各方面表现都不突出，怎么会得到那么多书签呢？想到这里，我已经知道事情的大概了。

周一的班会课上，我以进行阶段性评比为由，让小组长们统计了组员的书签数量报给我。果然，佳佳的书签远远多于其他同学。我会心一笑：她并没有虚报数字，而是照实上报了，看来她只是求上进，只是方法出了点问题。

课下，我叫来佳佳，微笑着向她表示祝贺：“知道吗？在开学至今的一个月时间里，你得到的书签是全班最多的，祝贺你！开心吗？”

"嗯。"佳佳只是羞涩地笑了笑，但脸上露出的是难掩的兴奋。

"看来在这段时间里，你能时刻严格要求自己，各方面都做得很棒!"我接着说，"所以老师想邀请你在班里分享一下你是如何得到这些书签的，接受我的邀请吗?"

我的话音还没落，佳佳那羞涩的笑容已凝固在了微微泛红的小脸上，她张了张嘴，没有答应，也没有拒绝。

佳佳若有所思地离开了办公室，此刻的我更坚定了自己的判断。

上午放学时，佳佳出现在了办公室门口，手里拿着一摞书签："老师，对不起！这些书签其实不是我自己得的……"

"那是哪儿来的呢?"我故意一脸吃惊地看着她。

佳佳已经啜泣起来："都是从别人那里拿来的……我能……我能还给他们吗?"

我在心里舒了一口气，紧紧地抱住了佳佳："当然可以！那你打算怎么还呢?"

片刻沉默后，我再次抱紧了佳佳，在她耳边悄悄地一阵耳语……

第二天，我又召开了一节班会课，主题为"失踪书签的神秘来信"。我对学生说："前段时间，有一部分印章和书签由于不满主人的不善保管，集体离家出走了。今天早上，我收到了它们的神秘来信，猜一猜，它们会写些什么呢?"话音刚落，学生便七嘴八舌地议论起来。我看到有几个学生的脸红了。此时我宣布道："它们拜托我们班里一位一向默默无闻，却总是认真踏实的同学帮忙把它们送回家。这位同学就是——佳佳!"学生爆发出一阵热烈的欢呼声。

在归还书签后，我又拿给佳佳相同数量的书签。看着她疑惑的表情，我说道："这些书签是老师'借'给你的，接下来的两个月里，你要用自己的实际行动赢得这些书签的真正所有权，好吗?"佳佳开心地笑了。

接下来，根据佳佳的自身优势，我又为她量身定做了一系列能够获得奖励的评比措施……

问题与对策

对班主任来说，班里发生失窃事件，是很棘手的事情：不能不处理，又不能公开处理。因为我们处理的不仅是事件本身，还要完成一次对学生心灵的洗礼。那么面对此类事件，该如何更有智慧地进行处理呢?

1. 具体问题具体分析

学生偷窃行为背后的原因错综复杂，有自身心理上的因素，更有家庭、学校、社会等环境的因素。只有找出原因，才能对症下药。上述案例中的佳佳有很强的上进心，偷拿书签是为了满足心理上的需求。教师要充分利用这一特点，适时加以引导，让学生在“满足欲望”和“忐忑不安”的心理反差中认识到自身的错误，从而受到心灵的洗礼。

2. 借助学生自身的力量

教师要善于利用学生的心理特点，采用适当的方式与之产生心灵的沟通和共鸣，使之产生真正的心理上的变化，从而自觉修正自己的错误。在上述案例中，我没有对犯错的学生进行苦口婆心的说教，而是给出选择，让学生在心理斗争中获得切身体验，从而进行自我教育。

3. 善于利用同伴的力量

在本案例中不难发现，学生是教师解决问题的关键。在校的 8 小时里，学生之间朝夕相处、互相了解，如今天谁哭了，谁被老师批评了，谁带了好玩的东西来学校，同学是第一时间知道的，所以他们提供的一点点信息都可能促成问题的解决。上述案例中小宇随意的一句话“佳佳得了好多张书签，还送给我两张呢”让我立刻锁定了目标，问题的解决也就不在话下了。

4. 给学生展示的机会

社会心理学中的“阿伦森效应”告诉我们：任何人做事都希望得

到别人的赞赏。所以，教师要善于发现学生的闪光点，不要吝啬对学生的肯定。学生之所以会出现偷拿书签的行为，是因为平时获得奖励的机会太少，无法满足他们的好胜心。事后我及时进行反思，改进自己的管理方式，尽量让每一个学生都有展示的机会，从而获得成就感、满足好胜心。重视这样默默无闻的学生，改变的不仅仅是个体，还会影响一批处于班级管理盲区的学生，让他们重拾信心，找到自己在班级中的位置。

感悟与反思

1. 呵护学生的自尊心

学生的心灵是敏感的。教师在处理班级偷窃事件时，稍有不当，就会给学生的自尊心造成伤害，甚至会影响其终生。因此，我们要用包容的心态去面对学生的错误，呵护学生的自尊心，站在他们的角度去了解背后的原因，用尊重的态度去帮助他们解决问题。

2. 把握教育契机

种田要抓住农时，打仗要抓住战机，教育学生也要抓住契机，才能收到事半功倍的效果。班级中出现了问题不可怕，遗憾的是没有了解问题背后的深层次原因，没有利用好教育的契机。如何将教育的目光放长远，从解决小问题中获得更大的教育成果，是教师时时刻刻都要思考的一个问题。

利用集体的力量，让大宝的心灵充满阳光

深圳市大鹏新区大鹏中心小学　董玉玲

案例呈现

开学了，我走进新接手的班级，一位叫柔柔的学生吸引了我的目光：那是一个很安静很漂亮的女孩，只是她的头发参差不齐，看上去有点奇怪。

写字时，我经过她的身边，看她写字姿势端正，字也写得大方舒展。仔细看她的头发——好像有很多是新长出来的，与原来的头发交错在一起。

第二天下午，柔柔的妈妈发信息替她请假，说是看医生。接下来的每天下午，都是这样的请假信息。我问孩子怎么了，她的妈妈却支吾着不肯回答。

又过了几天，终于见到了她的妈妈，我随口问道："柔柔妈妈，怎么不帮孩子好好修剪一下头发？那么漂亮的女孩……"

一语未了，柔柔妈妈眼眶立刻就红了，我意识到问题的严重性，急忙把她请进办公室。她的情绪平复了一些，道出了实情。

柔柔聪明活泼，能歌善舞，学习成绩也好，全家人没有不疼爱她的。半年前，妈妈生下了弟弟，柔柔好像也很喜欢这个弟弟，一放学回家就要抱他跟他玩。可是不知道为什么，柔柔的脾气渐渐地和原来不一样了，有时莫名其妙就和家里人发脾气，有时不完成作业，有时放学后跑出去玩到很晚才回家……更可怕的是，她竟然自己大把大把

地拔自己的头发！

爸爸妈妈发现了孩子的异常，几次三番和她谈心，效果甚微，只好带她去看了心理医生。医生诊断是因为弟弟的出现，让柔柔患上了抑郁症。无奈之下，爸爸妈妈只好把弟弟送到爷爷奶奶家里，专心陪伴柔柔。

原来是二宝的出现，让大宝和这个家庭陷入迷茫。看着眼前这个头发被自己拉扯得长短不齐的女孩，我心疼极了。

心窗关起来，阳光照不进来。面对这样一个学生，我，还有这个班级的学生们，能为她做些什么呢？

我召集学生们一起想办法，他们集思广益，很快就有了如下帮扶策略：不遮掩不回避，直接面对。于是，就有了以“做个心有阳光的大宝”这个话题的系列活动，如“我和二宝的共享时代”主题班会课，“给未来弟弟妹妹的一封信”作文课、“二孩家庭乐趣多”故事分享会、“二孩给社会生活带来什么”探究课程等。

柔柔从刚开始的拒绝参与，到后来的默默旁听，再到主动讲弟弟的故事，到终于有一天带来了花了几个小时制作的关于小弟弟的课件，分享着自己和小弟弟相处的快乐时光。柔柔的爸爸妈妈抱着小弟弟坐在下面，一边听一边流下了欣喜的眼泪。

此外，那些已经有了弟弟妹妹或者即将迎来弟弟妹妹的同学，也纷纷敞开心扉，心里曾经有的那点阴影也被阳光驱散，张张脸上洋溢着快乐的笑容。

问题与对策

帮助学生走出由于二宝的出生带来的心理阴影，不仅是家庭需要面对和解决的问题，也是学校教育不可回避的问题。如何通过集体的力量进行心理疏导，驱散这些学生心里的阴霾？

1. 多让学生处于正面的情境中

把二孩政策、二孩生活的话题明明白白地提出来，形成二孩文化，让已经有了弟弟妹妹并且享受这种生活的同学，多聊聊生活中的幸福，让心里对此有阴影的学生多和这些阳光开朗的学生相处，以受到榜样的积极影响；让他们多和心理阳光的学生一起参与活动，增加他们正面的情绪体验。当学生的生活充满正面的情绪体验时，负面情绪就将消失无踪。

2. 鼓励学生说自己的感受

通过班会课、语文课交流等时机，教师引导学生直接说出自己的感受是减轻焦虑的有效办法。当学生出现焦虑情绪时，不要急着帮他们解释或处理问题，而应先试着鼓励他们说出自己的感受与想法。学生能够开口说出自己的感受时，焦虑的情绪就会相应得到释放。如果学生对表达不积极，还可以组织游戏，让他们融入游戏当中，通过游戏的方式了解自己的焦虑情绪，并释放出来。

3. 提升学生解决问题的能力

当学生面对问题不会处理时，失败的挫折会让他们的自我控制感降低，随后便可能产生焦虑情绪，并开始逃避。案例中的柔柔就是这样，用拉扯自己头发的方式来发泄心中的焦虑。此时，教师和班级中的同学们需要对她进行有效的引导以降低她的挫折感与焦虑感。平时可以多聊一些假设性问题的解决方式，如可以问学生："如果有一天家里需要你去通过劳动解决生活问题，你是愿意一个人还是和弟弟（妹妹）一起去呢?"再通过平日里经常讲解的"分享""分担"等事例，让学生明白，自己的焦虑与恐惧源自自私和独占，排斥弟弟或妹妹，其实就是排斥幸福快乐的生活。

感悟与反思

因二宝出现导致的大宝心理危机感和焦虑，是极具个性而又前无化解先例的家庭问题，也是社会矛盾通过家庭向外扩散放大亟待全社会共同面对的问题。政策的因素源于时代需求和社会变化，而将政策因素施加到家庭成员头上，就形成了个人、家庭、社会、国家之间的联系。历史因素与政策变化，家庭与社会的关联，现实生存状态与未来生活幸福的碰撞，意味着化解二宝焦虑不能由家庭成员“一肩挑”，学校也必须勇敢地承担起自己的责任。

教师们需要运用自己的智慧，将“二孩”这个话题渗透到教育教学甚至班级、校园环境当中，形成“二孩文化”。在这样的氛围中，巧妙地把“二孩焦虑”这个棘手的社会化问题抛给学生，让他们通过集体、通过伙伴去化解，逐步实现“独生子女”时代向“二孩时代”的顺利转变，这对家庭的幸福和社会的稳定将起到重要作用。

一块奖牌的归属

——抓住契机，培养学生集体荣誉感

深圳市大鹏新区大鹏中心小学 靳丽敏

案例呈现

运动会上，我们班取得了接力赛跑的冠军。但是，奖牌只有一块。

回教室的路上，几个学生噘起了嘴巴，悄悄地表达不满：4个人，怎么才给发一块奖牌呢？回到教室，我便把这个难题抛给了全班的同学，大家一时议论纷纷。有的说，轮流戴；有的说，给最厉害的队员戴；还有的说，要不切成四块吧！等大家静下来了，我指了指我们班的班牌：小水滴中队——让我们汇聚在一起，共同折射彩虹！很多学生立刻会意了，其中一个噘嘴的学生说："老师，这块奖牌是我们得的，也是属于我们四班的！就挂在我们教室里吧！"其他学生纷纷表示赞同。

一个学生怯生生地举起手来说："老师，我在运动会上获得的奖牌能不能也挂在咱们教室里呢？""当然可以啊！谢谢你，孩子！老师代表咱们班谢谢你！""我的也要挂在班里！""老师，我在课外得到的奖牌能献给咱们班吗？"……于是，教室里多了一面"荣誉之窗"，里面挂满了学生在各类比赛中获得的奖牌。

受这件事的启发，几个学生承包了另一扇窗，他们要通过合作，把这里打扮成"手工作品之窗"。很快，学生们在教室里开辟了各样的领地：节日专栏、旅游快报、科普天地、阅读推荐……

一块奖牌，开启了学生们对集体的关爱与热情，激发了学生们的奉献精神，也给我带来了教育的觉知：尊重学生，明确主体，引领成长，班级管理就会变得省心省力。

问题与对策

在班级管理中常常遇到小事件、小难题。班主任如何将这些小问题转化为教育的契机，通过小事件实现教育的大收获呢？

班级管理工作需要班主任抓住教育契机，分析学生心理特点，着眼学生的发展，把教育的眼光放宽、放远。

1. 培养学生解决问题的能力

学生的成长，除了学习知识、培养习惯之外，学会通过思考与体验，用更好的办法解决问题同样是教育的重要目标之一。培养学生的方法意识，需要班主任换一种角度看待班级管理中的琐碎问题。一次争论、一次冲突，其存在的意义或许都不在它的本身。当我们把解决争论或冲突的本身看作教育目标之一时，就会渐渐地从这样的事件中发现隐藏着的教育资源。争论引发的吵闹或不快，其实正是学生自我意识与公民意识的觉醒与碰撞。通过观察并了解事件的起因，班主任不强迫命令，不批评教育，而是尊重学生，启发学生从争论本身跳出来，发现更为有效的解决办法，引导学生改变思考的角度，获得积极的心理体验，是培养学生解决问题能力的基本策略。

2. 培养具有民主精神的班集体

班主任对小问题的处理方式决定了班级的文化与风气。要培养具有民主精神的班集体，班主任需要有敏锐的直觉，抓住小问题，通过恰当的引导，培养学生积极参与、民主共建的公民意识。一块奖牌，从索取到分享，由个人到集体，其间蕴含着培养社会小公民的大契机。引导几个学生在献出奖牌的过程中感受自我价值在集体中的体现，这种正向的强化使更多的学生受到积极的暗示，纷纷效仿，从而实现班级文化的塑造，集体与个人的相互影响产生了良性循环。可见，班主任面对琐碎的工作时应该有更宽的眼界和更大的格局。

感悟与反思

1. 变问题处理者为方法引导者

在“兵来将挡，水来土掩”这种传统的工作方式下，班主任经常处于被班级的琐碎问题所牵制的被动状态。这样的状态，不仅让班主任身心俱疲，还会使“快刀斩乱麻”的发泄式解决成为常态，成为教学相长的严重阻碍。因此，班主任必须改变传统的思维习惯和工作策略，着眼于学生的发展、班级的发展，本着引导学生成长、成人的目标，智慧地化解问题，让学生在被尊重、被信任的前提下，尝试独立解决问题。班主任只有化教为育，让学生增强集体观念，重新构建自我认知，逐步强化“小主人意识”，才能真正成为学生人生的引路人。

2. 心有远方，处处是诗

长期以来，班主任囿于工作的繁忙，以致许多教师对班主任工作“敬”而远之。有些迫于需要在职的班主任，则以找到了通用型的管理办法而备感欣慰。然而，教育是人与人之间的精神联系，班主任工作是以塑造人为目标的。如果我们只停留在传统与经验上，如果我们仅仅把班主任看作班级事务处理者，何其悲哀！教育者，应该心怀远方，一件小事，或许将改变一个学生一生的轨迹；智慧的引导，惠及的不仅仅是眼前，还有一个学生，甚至是一群学生的未来。只有着眼学生10年后，甚至是一生，尝试改变自己对班主任工作的认知，构建师生互动、生生互动的面向未来的教育方式，班主任才能使自己的工作如诗一般美好。

最美的手

——如何培养单亲学生的安全感和自信心

深圳市光明新区田寮小学　冯亚清

案例呈现

一个星期一的早晨，当我走进教室时，一群学生拥上来七嘴八舌地说："老师，小琪涂指甲油了。"好多男生颇为夸张地说："老师，她的手好恐怖呀！好吓人啊！像妖怪一样。"我走到小琪身边，准备拉起她的小手看看。没想到，小琪紧紧握着双手，不知所措地看着我，像在寒雨中受伤的小鸟。看着无助的小琪——一个长期跟着外婆生活的单亲家庭的孩子，我不忍心对她进行严厉的批评。一边是慌乱无助的小琪，一边是等着看热闹的学生们，正在矛盾之时，一个想法浮现在脑海，于是我走上讲台，对同学们说："小琪今天带来了一双她心目中最美的手，那我们也来画画心目中最美的手吧!"

学生们表现得很积极，只见小琪也拿起笔静静地画起来，每一笔都是那么用心，那么用情，眼睛里还有泪花在闪烁。我的心里有一种酸酸的滋味，我想她的心中一定有难以言说的忧伤。不一会儿，他们的作品都完成了。于是，我问他们："你们画的是谁的手呀？这些手美在哪里呀!"

小远第一个站起来说："我爸爸在工厂做了很多的事，他的手像大树干一样粗粗的，可有力了。"

小琴说："我妈妈的手是最美的手。妈妈每天都会握着我的小手教我写字，一笔一画的。妈妈的手白白净净的，可漂亮了！”

学生们都十分踊跃地说着，我心里有些得意，他们的话正如我所料，我就是想借这些话来教育小琪认识到什么样的手才是最美的手。正当我要总结陈词时，小琪的手缓缓地举起来，眼睛里充满了期待，我不由自主地把她叫起来。只见小琪举起了那张指甲上涂了红色指甲油的手的画，缓缓地说：“我画的是我妈妈的手。妈妈好长时间没回来了，我想妈妈了。”我心头怦然一震，愣住了，我想：我能让孩子擦掉指甲上的颜色，但我怎能让孩子擦掉对妈妈的那份思念呢？

我理了理思路，缓缓地说道：“孩子们，原来小琪画的这双染了红色指甲油的手充满了对妈妈的思念。我们相信，等小琪的妈妈回来的时候，她白白净净的小手也会回来的。大家画得真好，我也很高兴，大家都知道最美的手是白白净净的手，是勤劳的手，是爱护的手，是思念的手。原来最美的手就在我们身边呀！”过了几天，小琪白白净净的手又回来了，脸上也露出了灿烂的笑容。

问题与对策

小琪是一个成长在单亲家庭的学生，从小跟着外婆生活，而她的妈妈长期在外地工作，母女俩相处的时间非常少，导致小琪出现了缺乏安全感和自信心的表现。

1. 帮助单亲家庭的学生建立安全感

据统计，田寮小学1—6年级学生单亲家庭的比例为6.5%，并且随着年级的递增呈上升趋势。作为班主任，我们要利用班集体的力量为单亲家庭的学生营造温暖、团结的班级氛围，帮助他们建立安全感。

班主任可以利用班级生日会、重大节日等契机，组织全班同学参与集体活动，形式要丰富多样，如鼓励每一个学生讲述自己的经历、分享家庭小故事等。通过班集体的活动，加强全班学生的交流，让学生之间相互了解，学会欣赏同伴的优点。特别是对单亲家庭的学生，让他们感受到班集体的温暖，认识到班集体的每一个人都是得到班主任的平等对待的，每一个人都是有同等的展示机会的，从而使单亲家庭的学生建立在班级内的安全感。

2. 要为单亲家庭的学生创造更多的机会来树立自信心

班主任可以定期召开班级才艺大赛、校级活动选拔赛等，给每一个学生创造展示自己的机会。还可以为单亲家庭的学生量身定制展示活动，如画画比赛、讲故事比赛等，让每一个单亲家庭的学生都能走上舞台展示自己，得到同伴的认可，从而建立自信心。

感悟与反思

1. 以人为本，倾注师爱

尊重每一位学生是我们与学生交流的前提，以人为本是我们的工作取得成效的基石，也是对每一位教师的基本要求。教育是心灵的艺术，如果我们承认教育的对象是活生生的人，那么教育的过程便就不仅仅是一种技巧的施展，还是充满了人情味的心灵交融，只有充分地意识到这一点，教师才会对学生产生热爱之情。针对小琪因为缺乏家庭的关爱而导致没有安全感、不自信的心理特征，班主任首先要做的就是关爱她，鼓励她，让她感受到温暖，感受到身边的人给予她的关爱。

2. 家校合作，关爱学生

学生身上出现的问题，折射的是家庭的问题。单亲家庭的学生在集体生活中通常会比较胆怯，这是因为在他们的家里很少有集体活动，每个人都在做自己的事，在他们的成长过程中，独处的时间最多，久而久之，他们在集体生活中就会感到不自在、不自信。因此，班主任要多加强和单亲家庭学生的家长的交流，告知他们孩子在学校生活的状态，并与他们分享针对单亲家庭学生的独特教育方法，和家长一起为学生设定短期和长期的教育目标。

3. 同伴关爱，助其成长

单亲家庭的学生虽然在集体生活中表现不突出，但这个年龄的学生是很渴望得到同伴的友谊的。以小琪为例，作为班主任，我先召集班干部开会，讲明小琪的情况，让大家更加了解她，并让班干部出谋划策，商量可以采取哪些方式拉近小琪和同学们之间的距离，再选取合适的方法开展活动。例如，开展课堂兴趣小组活动，班长所在的组主动邀请小琪加入；课间游戏活动，文娱委员主动拉小琪加入；放学后，副班长请跟小琪家方向相同的同学约小琪一起回家；等等。班上的其他同学见班干部带头与小琪交往，也开始拉小琪加入他们的活动中，小琪脸上的笑容也渐渐多了起来。

每一个学生都是祖国的未来，教师的任务不仅是传授知识，还是陪伴、指引他们成长。作为班主任，我们除了要一视同仁地对待每一个学生，对于特殊的学生，如单亲家庭的学生，还要给予更多的关注和呵护，让他们在成长的过程中不再感到孤单，享受集体的温暖、同伴的关爱，在他们童年的记忆里留下更多美好的画面。

一位留级学生的蜕变

——因材施教，用爱心实现“后进生”的转变

深圳市光明新区田寮小学　王谷穗

案例呈现

那年，学校让我带二年级的一个班，开学三个星期后，学校要给我安排一个插班生——天宇，是本校三年级的学生，因学习跟不上要重读二年级。一开始我是拒绝的，因为考虑到我们班人数是年级中最多的，怕自己应付不来，但最后还是答应了。我想，越是困难，对自己越是一种锻炼。

从校长办公室回来之后，我首先向这位插班生以前的班主任了解情况，得知这位学生本学期才从老家转学过来，学习跟不上，易怒，暴躁，不合群，今天还和班上的同学发生了冲突。当时我的感觉是班里来了一颗“定时炸弹”，而我要做的首先是让他快速融入班集体之中。

我想这位学生原本应该不是易怒、暴躁、不合群的，或许是因为他刚从老家转来，面对新的环境、新的老师和同学，一时间不知道如何相处，所以表现得不合群。而现在又从三年级被降到二年级，他心里肯定很难过，觉得很丢脸。如果老师也不理解他，他会不会自暴自弃，甚至会做出伤害自己、伤害别人的事情呢？我该怎样让他重拾信心，快速融入新的班集体中呢？我想，他肯定需要更多的关爱和理解。于是，我先在班上向同学们这样介绍他：“同学们，明天将有一位新同

学加入我们的大家庭，他聪明、善良但不善言辞，他刚加入我们的大家庭，会有很多事情不明白，我们一起帮助他、关心他，让他快速地融入我们的大家庭，好吗？因为我们能在一个班里学习就是缘分。”

第二天，我让班干部在黑板上写上“欢迎天宇同学加入二年级（3）班”。在课堂上，我先让天宇做了简单的自我介绍，当时天宇介绍得很简短，声音也很小，似乎只有他自己才听得到，眼睛也不敢看同学。但当他介绍完，同学们立即报以了热烈的掌声。接着我让班干部也分别做了简单的自我介绍，介绍了他们负责的班级事务，告诉天宇以后有问题可以找他们帮忙。这时，我看到天宇的脸上露出了淡淡的微笑，但还是不敢看老师和同学。我觉得这是一个很好的开始，希望这样的欢迎会能让天宇感受到班级的温暖，感受到老师和同学们都欢迎他，从而快速地融入班集体中。

此外，我还特意给他安排了一位聪明善良的女同桌，并告诉这个女同学：“天宇同学刚来我们班，很多事情不懂，请你多帮助他、包容他，让他和你共同进步。”同时我也让各位科任老师多留意天宇，上课多提问他，下课多和他说几句话，让他感受到老师对他的关心。一个星期后，我给天宇的妈妈打了电话，告诉她：“您的孩子在班上表现得很不错，和同学们相处得很融洽，以后的学习应该也不是问题，请放心。同时也希望你配合学校的工作，在家里多鼓励孩子，多听听孩子在学校的趣事，他一定会越来越棒的。”听到这些话，天宇妈妈很激动，她跟我说：“自从天宇到了您的班上后，回来做作业时积极多了，也爱跟我说话了，说老师们和同学们都喜欢他。老师，真的谢谢您，谢谢您没有放弃我的孩子，我在家里也会多鼓励他的。”有了同学们、科任老师和家长的帮助，天宇很快就适应了新班级的生活，我每天都能看到他脸上的笑容，他慢慢地也主动和同学们交往了，也没有和班上的同学闹过矛盾。

经过一段时间的观察，我发现天宇的成绩其实不差，而且书写很工整。于是我就抓住他的这个闪光点，不断地在班里表扬他，还把他写的作业贴到教室后面的展板上让大家学习，希望他能找到自我效能感，增强自信心。我相信星星之火可以燎原，确实很多同学都开始崇拜他了，他的“粉丝”多了起来，他也经常帮助其他同学，胆子也变大了，有时下课还跑来和我聊天。

还记得我第一次见到天宇的时候，他眼睛不敢看人，嘟着嘴，好像非常不满，随时要发脾气，和他说话他也不爱搭理人。如果一开始我就接受以前班主任的说法，断定他是个“异类”，把他和其他同学隔离开来，可能他就真成了易怒、暴躁、不合群的学生，真的成了一颗“定时炸弹”。幸好我并没有这么做，而是除去“有色眼镜”，鼓励他，等待他，欣赏他，让他在老师的鼓励中扬帆起航，在老师的等待中享受成功的喜悦，在老师的欣赏中创造奇迹。的确，经过了一学年的教育，天宇表现得很突出，他积极参加各种比赛活动，还获得了优异的成绩，得到了同学们的拥护和称赞。

问题与对策

天宇被之前的班主任认定是“后进生”，如果我不注意找出他后进的原因，教育并转化他，也许他就会产生“破罐子破摔”的想法，导致问题越来越严重。在我们的教育中时常会遇到“后进生”，他们占了班集体的一小部分。造成“后进生”后进的原因有很多，有智力方面的、情感方面的、行为习惯方面的、学习态度方面的、性格方面的等。班主任要仔细研究这些学生，分析造成他们学习后进的真正原因，有针对性地进行指导，做到因材施教。那怎样转化“后进生”，使其转变不良倾向，树立信心呢？

1. 加点同理心和爱心

罗素说过：“凡是教师缺乏爱的地方，无论是品格还是智慧，都不能充分地或自由发展。”“后进生”因为成绩差，普遍存在自卑感，心理敏感而脆弱，更需要教师的厚爱和偏爱。而来自教师的关心、信任和激励，就是他们的阳光。教师应该做一个播种阳光的人，把阳光的种子撒进学生的心田。

2. 减少单兵作战，形成合力

把一个班级中所有“后进生”的工作都揽到班主任一个人身上，显然是不可能的，也是不切实际的。班主任一个人力不从心、孤掌难鸣，但科任老师和同学的参与会使班主任的工作压力减轻不少。班主任应充分利用学校领导、老师、学生干部在转化“后进生”工作中的作用，利用集体的智慧和力量，有机结合，形成合力，从而提高转化“后进生”的效率。

3. 乘胜追击，激励赏识

每个学生都有优缺点，“后进生”身上同样也有不易被人发现的优点。“后进生”并非一无是处，只不过他们的长处被短处暂时掩盖了，班主任的工作就是当一个吹开黄沙，使金子尽快显露出来的人。这就是通常所说的善于发现“后进生”的爱好、特长和闪光点，并能抓住闪光点大做文章，及时予以表扬。同时多给他们创造展示才能的机会，让他们从中得到锻炼，看到自身的价值，找到自己在班集体中的位置。班主任要把握最佳教育时机对他们进行思想教育，实现对他们的转化。

4. 除去“有色眼镜”，不轻言放弃

班主任在面对学生时不能戴着“有色眼镜”，要拒绝给学生“贴标签”，避免产生晕轮效应。对于“后进生”来说，最忌讳的莫过于受到歧视。“后进生”的心理特点决定了我们必须用爱心呵护他们。许多“后进生”后进的根本原因就是缺少爱，班主任在他们身上倾注满腔关爱，无异于会让他们“久旱逢甘雨”，所起的作用应该是显而易见的。此外，面对“后进生”，班主任还要用自己更大的恒心和耐心来不断启发和帮助他们取得进步。

感悟与反思

1. 因材施教，持之以恒

“一把钥匙开一把锁。”每一个“后进生”的实际情况是不同的，这就要求班主任深入了解学生的行为、习惯、爱好及其后进的原因，从而确定行之有效的对策，因材施教，正确引导。“冰冻三尺，非一日之寒”，要转化“后进生”也不是短时间内就能实现的，中间可能有反复，甚或多次反复，班主任要注意长期抓、反复抓，循循善诱，持之以恒，相信“精诚所至，金石为开”。

2. 创造机会，培养信心

自信心源于成功。有些“后进生”胆子小，缺乏主动性，很可能是因为得到的表扬和鼓励还不够，获得的成功还不多。班主任要有意识地给“后进生”创造机会，让他们品尝到成功的滋味，帮助他们树立对学习的信心。

3. 以人为本，付出师爱

教育不能只面向少数学生，也不能满足于面向多数学生，而是要面向每一个学生。不让每一个学生掉队，这就需要教师多一些赏识，少一些漠视；多一些尊重，少一些挖苦；多一些引导，少一些批评。相信教师对“后进生”倾注的爱，最终可以重新塑造一个个鲜活的灵魂，可以将他们一步步引入生活的正轨。

我给家长写信

——以手写信传递教育温情

深圳市光明新区田寮小学　方卓敏

案例呈现

英语早读一下课，办公室门口就传来一阵吵闹声，小飞在几位同学的簇拥下来到我面前。小组长秋婷先开口了："老师，他今天没交作业，还迟到了，我们班又被监督岗扣了1分。""又扣了1分，这周肯定评不上文明班级了，上周就是因为他打架被扣分没有评上文明班级。"雪茹也愤愤不平地说。"老师，他昨天还搞恶作剧让我摔了一跤。"小东告状道。听着学生义愤填膺的话语，看着双眼浮肿、无精打采的小飞，我火冒三丈，声色俱厉地说："小飞，你给我说说原因。"小飞低着头，一言不发。我示意其他几位同学先回教室，正要再次询问，却见豆大的泪珠沿着小飞的脸颊流了下来，小飞的反常让我意识到有不寻常的事情发生。"我想听你说说原因。"在我转为温和的询问声中，小飞揭开他的上衣，我的眼前出现了布着数条伤痕的后背，那么鲜红的伤痕，使我顿时没有了怒气，心中一阵心疼。"我昨天在外面玩得太晚了，我爸就打我，我哭着就睡着了，早上睡过头了。"小飞哽咽着说。我的脑海里冒出一个个问号：小飞爸爸经常以打骂的方式教育小飞？小飞接受的是怎样的家庭教育？我联系到小飞的爸爸，希望能进行家访。

下午放学后，我如约来到小飞家中，一个小店面，店面后的两个小房间是一家四口的居住之处。坐在小店里，伴着门口熙熙攘攘的行人和车流，我和小飞妈妈交谈起来：这是一个外来务工家庭，小飞爸爸在一个停车场工作，时常要上夜班，有时协助妈妈经营小店。说到对小飞的教育，小飞妈妈说："老师，我经常叮嘱他在学校不能捣乱，不要贪玩，要认真学习，可是他总听不进去。他就怕他爸爸打他，犯了错误打一顿就好一点儿，但是没过几天他又忘记了，所以经常打，现在都打皮了。"我知道小飞在学校总喜欢用暴力解决问题的原因了。正在交谈中，小飞爸爸回来了，我便表示希望他也一起坐下来交流。在交流中，小飞爸爸很少言语，多是点头或者简单回应："老师，给您添麻烦了。""嗯，我会好好教育他的。"面对寡言少语的小飞爸爸，我最后说道："家长教育孩子的方式会影响孩子的为人处世，小飞需要我们的引导和教育，我们应多关注他的心理，引导他纠正不良的行为习惯。"

在以后的日子里，我尽可能多地发现小飞的闪光点，给他提供一展身手的机会。我知道小飞篮球打得好，跑步快。运动会来了，我让小飞当运动员，最后他站在了运动会的领奖台上。我趁机在全班同学面前表扬了他，对他说："学习上你也认真的话，肯定也会得到奖励的，你能不能做到?"小飞信心满满地回答："能。"我把小飞在运动会上得奖的喜讯写在一封给家长的信上："小飞在运动会上努力拼搏，表现特别出色，他为班级、为自己争了光，让我们祝贺他。希望他在学习上、行为表现上也能有所进步。"我特别对小飞说："这封信，让爸爸读给你听。"

为了改善小飞的不良行为习惯，我和他达成共识：第一，以周为单位，若获得奖励贴的数量比上一周多，将获得一次免写作业的机会；第二，以月为单位，若老师或同学投诉的次数没有超过 2 次，可获得特殊奖励。以规则代替惩罚后，小飞的不良行为习惯得到了改善，而且期中考试语文成绩打破了不及格纪录，考了 70 分。我又给家长写了一封信："小飞的进步太让我惊讶了，不仅行为习惯越来越好了，学习也认真了，成绩提高了，太令人高兴了。相信作为家长的你们也和我一样开心。让我们为他鼓掌吧！”小飞把信送到他爸爸的手上，一起读信。小飞爸爸回信了，信中说道：“小飞是个爱玩的孩子，一玩就会忘掉一切。……他的头脑聪明，如果认真学的话，成绩一定可以跟上的。……我现在给他报了一个补习班，放学回家吃完饭就去补习，回家我也会引导他。”读着爸爸的回信，小飞默默地流泪了。

从这以后，我将小飞的种种表现和我的期望都写在了信上：“小飞最近因为情绪激动与同学起了冲突，但他已经道歉，并和我约定以后会控制好情绪，与同学和睦相处。希望他能做到，让我们一起期待。”……就这样，一封封记录着小飞成长信息的信传递到小飞爸爸的手里、心里，也传递到小飞的手里、心里。小飞爸爸的回信也传递到我的手里、小飞的心里。渐渐地，小飞爸爸不再那么粗暴地教育小飞了，小飞与爸爸亲近了；小飞在学校违规违纪行为少了，成绩慢慢提高了，还被选拔加入学校篮球队。

很快，小飞度过了他的小学生涯，进入初中生活。有一天他回到母校，笑嘻嘻地找到我，对我说：“老师，我回来了，今天学校放假半天，我来看看您。”

问题与对策

家庭教育对一个人来说，既是启蒙教育，也是终身教育。家庭教育在孩子成长过程中起着非常重要的作用。但是，由于各种原因，外来务工人员对家庭教育往往不够重视，不能采取正确的教育方式教育孩子。作为外来务工人员子女的班主任，我们应该怎样指导他们掌握正确的家庭教育观念与方法，从而促进学生的身心发展呢？

1. 走进原生家庭，追根溯源

走进学生的家庭，了解学生的学习、生活环境，是班主任更加全面认识学生的重要途径。走进学生的原生家庭，了解学生在家里的生活、学习状况，可以寻找出他们在校表现的家庭原因，帮助家长树立正确的教育观念，实施有效的教育方法。班主任与家长沟通时要以真诚的态度营造平等的交流氛围，不能只交流学生的不良表现，而应为了学生的成长进步与家长真诚地交换意见，调动家长教育孩子的积极性，共同教育好孩子。

2. 给家长写信，实现有效沟通

班主任应该拓展思维，针对不同家长的教育需求，灵活选择沟通方式，充分实现与家长的有效沟通。面对不善于沟通、教育方法简单粗暴的家长，班主任可以选择给家长写信，在信中高调表扬学生的优点，温柔指出学生的缺点，并让学生传递、亲子共读。给家长写信，传递班主任的教育理想，转变家长的教育观念，进而改变其简单粗暴的家庭教育方法。给家长写信以情服人，可以取得家长的信任与协助，实现班主任与家长、家长与学生的有效沟通，使家校形成一股教育合力，也可以使学生感受到学校教育、家庭教育的温情，重拾自尊、自信，从而改变不良行为习惯。

感悟与反思

1. 班主任的工作责任在于担当

关注每一个学生的发展，让每一个学生都能更好地发展是班主任的责任。班主任要担当起责任，深入学生家庭，做细致的调查研究工作，了解、关心每一位学生，把握每一位学生的成长需求，对学生进行有针对性的教育和引导，使他们更好地成长。教育需要有支持力的环境，加强家校沟通，引导家长树立正确的教育观念，调动家长的教育积极性，共同引导学生发展，是教育教学工作的需要，也是班主任应尽的责任。在通信技术发达的今天，采取手写信的传统沟通方式，能以真情打动家长和学生，让家长和学生感受到成长的喜悦以及老师殷切的期望。一封封手写信表达了班主任的责任和担当，传递着教育的温情。

2. 班主任工作需要博爱的教育情怀

教育是一门仁而爱人的事业，爱是教育的灵魂，没有爱就没有教育。高尔基说："谁爱孩子，孩子就爱谁。只有爱孩子的人，他才可以教育孩子。"只有热爱学生、关心学生，学生才会"亲其师，信其道"。每一个学生的成长都需要爱的呵护，有时候一个微笑、一个肯定的眼神、一句鼓励的话、一个亲切摸头的动作、一封真诚的书信，都可以带给学生爱的体验。面对出现问题的学生，面对不善于沟通、教育的家长，班主任要用爱点燃自信，用宽容对待错误，用真情说服家长、取得家长的信任。爱的教育情怀和真诚的沟通交流，能使学生对父母的亲近感倍增，对老师也更信任。

掌声响起来

——以包容和鼓励教育智力发育障碍学生

深圳市新区公明田寮小学　江雨华

案例呈现

操场上，中、高年级的学生正在热火朝天地进行队列队形比赛。我班的一个学生匆匆跑来告诉我，麦麦正在班上大力宣扬自己在学校随地方便的“光荣事迹”。麦麦是在操场上方便的吗？大便还是小便？怎么都一年级了还不会上洗手间呢？带着这一连串的疑问我赶紧走到了教室。

教室中，学生们正交头接耳，议论纷纷。刚入学时麦麦妈妈吞吞吐吐的倾诉顿时在我脑海中变得鲜活：麦麦被确诊为多动症和智力发育障碍。在幼儿园的时候，老师和同学们因为他适应不良而任由他自己一个人在角落里玩耍。现在，他上了小学，作为他的班主任，如果连我也对他横加指责，在刚入学的时候就给他打上多动伴随智力障碍的标签，他的整个学业生涯，甚至是整个人生，将可能被毁掉。

我没有立刻责备他，在学生们对事件的描述中，他很快就承认了错误。但是，麦麦让我帮他清理现场，他要上课。顺着他的目光望去，原来这节活动课正在放英语的趣味视频。我没发火儿，因为要改正学生的不良行为需要教师的引导。

在征得英语老师的同意后，我和麦麦一起站在了讲台上，在学生们好奇的目光中，我摸着麦麦的头说：“同学们，今天我要好好表扬麦麦，要知道，老师最喜欢的就是勇于承认错误的孩子了，我希望麦麦能自己主动清理现场，我们一起给他鼓掌吧!”于是，教室里响起了同学们的掌声，麦麦的脚纹丝不动。我再接再厉:“喜欢知错就改的麦麦的同学，请你们举起右手!”“哗——”全班的小手像雨后春笋一样齐刷刷地举了起来。“请同学们把你们的喜欢化为声音。”于是，班里又响起了更热烈的掌声。我看麦麦有点犹豫了，但他还是不时地扭头望着视频，于是我继续造势:“我们一年级（5）班的同学实在是太友爱了，团结的你们愿意等麦麦改正错误后回来和你们一起看视频吗?”同学们异口同声地回答:“愿意”。有些同学还按捺不住地站起来说:“麦麦，加油!”“麦麦，我支持你改正!”一时间，教室里都是给麦麦鼓劲的话语。于是，在再一次雷鸣般的掌声后，麦麦欣然地去清理现场了。

当然，出于他自身的情况以及不良环境因素的影响，麦麦的情况经常出现反复。教师的言传身教比不停地说教更为有用，在教师的引导下，同学们总会帮助麦麦一起改正他不恰当的行为，如他把垃圾丢到座位附近，课下同学们就会一起和他扫地。后来，麦麦被大家选为纪律委员，同学们格外尊重这位时不时自己犯错的纪律委员，只要他一发号施令，同学们就整整齐齐地坐好……

学生对麦麦的包容与鼓励也影响了他们的家长，班级群里现在很少听到家长们因为孩子之间的纷争互相抱怨的声音，学会了理解与包容他人，也更加关注孩子的进步与成长。

问题与对策

智力发育障碍伴随多动症，像这样的学生班主任该怎样引导呢?

1. 正面暗示，点燃星星之火

班主任要利用正面的暗示，帮学生消除负面标签的影响。在学校中，教师是影响这类学生的重要人物，师生关系如何能够影响学生之间的关系。班主任需要通过各种层面的正面评价纠正并强化学生好的行为。当这类的学生出现一些自制行为的时候，要及时肯定，并循序渐进地对他们提出要求。这类学生虽然很需要班主任的关注，但班主任要关注的不能是他的缺点，而要努力发现他们的亮点并在班级中放大其亮点，通过不断的正面强化鼓励其进步。

2. 潜移默化，满足学生需求

只有温暖的环境才能给学生足够的安全感，才能更好地满足他们被认可的需求。这类学生对自我的认识主要源于与同伴的互动，而同学们是每天陪伴他一起成长的重要角色，是相处时间最久、互动最直接的他人。作为集体的一分子，人人都应该负起帮助同学成长的责任，充分利用集体的力量促进这类学生的成长。其实，这类学生的内心更需要集体的关心与帮助。班主任可以通过让他们参加一些需要与人合作的活动，或者参加一些班级管理的日常任务，使其体会到集体生活的快乐，获得归属感和满足感。

感悟与反思

1. 目前，在我国特殊学校供应严重不足的现状以及全纳教育推行的当下，很多自身有缺憾的学生都是在普通学校随班就读。这些学生在班级中属于“角落中的天使”，但是他们和每一位正常的学生一样，有着正常的需求：在老师的关爱中好好学习，与同学们友好交往。有些学生因为先天或后天的发育没有跟上，不能很好地表达自己的需求，常常会做出令常人难以理解的举动。这对普通学校中的教师提出了更高的要求，要求教师除了要具备普通教育的教学技能，还需要具备特殊教育的教育能力。所谓“有教无类”，并不是要求教师按照既定的优秀标准来定义所有学生。如果教师以既定的模式和标准来评价有智力发育障碍或患有多动症的学生，对他们的成长显然是不公平的。在这种不公平的成长环境中，随班就读就只能停留于表面。这就要求教师学习并具备全纳教育的理念，使自身有缺憾的学生充分融入到普通学生中间。

2. 作为教师，面对自身有缺憾的学生，我们的力量或许很小，不能通过教育来引导他成为一名正常的没有缺憾的孩子。但是，我们的力量也可以很大，这类学生能否通过课堂参与有效地融入课堂，并在参与的过程中受益，是我们在上课的时候可以决定的；他们能否在一个接纳的、宽容的、具有善意的人际氛围中学习，这是班主任可以引导的。对于他们，我们需要运用多种教学方法，通过多种层面的评价方式来替代单一的教学评价方式，以积极的心态和切实的行动对待他们的每一次进步。教师自我心态的转变是让“角落中的天使”不掉队的重要一环，毕竟，在他们的学习与成长中，教师不仅是引路人，也是他们成长的陪伴者，而且，他们也是我们进步的参与者，我们彼此成全，互相成就。

让错误开出花朵

——转变犯错后不认错学生的策略

深圳市光明新区田寮小学　吴婉萍

案例呈现

周二放学后，几个值日生留下值日，我看学生们做得很细心，就放心地回家了。

走到半路，手机响了，一条信息令我愣住了：校长巡视校园，在三年级（1）班的包干区看到了一堆垃圾，从里面的废纸中能清晰地看到三年级（1）班的班名和学生的姓名，请班主任加强教育！

这名班主任就是我呀！看完这条信息，我气不打一处来，立刻打电话给负责倒垃圾的小陈。我直接质问他是不是将垃圾倒在了包干区？小陈理直气壮地说："老师，我把垃圾倒在了垃圾池内，包干区的垃圾不是我倒的。"那语气，不容置疑。

第二天早上，我一到学校，马上召集班干部进行了各种调查，各种证据直指小陈，但小陈还是没承认。我想再给小陈一次机会，和他进行了面对面的谈话，但他依然坚持说："没有！老师，我百分之百确定，我把垃圾倒在了该倒的地方！老师，如果真是我做的，我就离开三年级（1）班！"真伤脑筋！上课了，我在黑板上写下几个字：责任感。要求学生以此为话题发表看法。小陈也发了言，振振有词。我更纳闷了。不得已，我调取了监控录像。事实令我惊呆了：把垃圾一股脑倒在包干区的就是小陈！我的心情一下子跌到了谷底，是什么原因让这个学生在做错事之后还能那么振振有词？我让自己冷静了下来，这个学生现在非常需要正确的引导。于是，我通知了陈爸爸。当着爸爸的面，小陈依然没有承认。已经看过监控录像的陈爸爸面对撒谎的儿子，非常尴尬。于是，我和陈爸爸商量，一定要让小陈主动承认错误。

一番“密谋”后，当天下午，陈爸爸带着小陈假装为其报名转学。自然，小陈当面吃了“闭门羹”。陈爸爸当着儿子的面给远在贵州老家的陈妈妈打了电话，讲述这件转学被拒的事时，还强调了对孩子教育不够到位的歉疚。看着每日辛辛苦苦独自带着自己的爸爸像个孩子那样在电话里道歉，小陈不好意思了。

趁着小陈离开学校时，我发动学生展开了讨论。当学生一个个将矛头指向小陈时，我引导他们换位思考——怎样的劝告最好听，更能让人接受。学生为自己的直言批评感到有点不好意思了，我顺势提出——写一封言辞委婉的信吧。

第二天，班里以“错要怎么说出口”为主题召开班会，小陈和陈爸爸成为特邀嘉宾。学生们进行了“沉重的秘密”情景表演、“为你搭人字”体验以及“真情对对碰”等活动。小结时，他们感叹：从未觉得秘密如此沉重！承认错误后轻松了很多！原来，及时认错还能获得意外的收获！班会结束前，大家在我预先授意下，将信读给小陈，并与小陈诚恳地对话，他的脸红了。

借着这个机会，我在对学生的评价方案里加了一条——“会开花的错误”，明确了“开花途径”，并安排小陈作为印章签发员。自此，常常听到小陈教导自己的伙伴：“错了，不可怕，关键是积极面对!”对于那些疑难杂“错”，班里还专门成立了“臭皮匠”群，献计献策，争取妥善解决。

一个月后，小陈因举报一个犯错误的高年级学生在校外被打。看着他额头上的大包，我心疼极了。带他擦药之后，我问大家：“同学们，怎么办?”小陈率先发言：“老师，这也怪我，那么大声地告他的状。”面对别人的错误，我们怎样处理才显得更有智慧？学生又在班级快报上展开了别样的讨论……

有时，错误，还真能开出“花”来。

问题与对策

当学生犯了错误并百般掩饰、推卸责任时，教师如何引导其正确面对？

小学生的思想还不成熟、知识还不完善、阅历还不丰富，犯错是不可避免的。错误是小学生走向成熟的印记，是小学生探求真理的标志。当教师认识到这一点时，便不会太生气。接下来，教师就要以尊重学生人格为底线，分析犯错的原因后进行恰当处理。

1. 借外力，达到直接批评的效果

人性中最本质的渴求就是得到别人的尊重，学生也不例外。犯错误的学生，其实很多时候已经在第一时间认识到了错误，但由于惧怕承担后果，或担心失去“面子”，往往会出现撒谎等行为。学生犯了错误以后，一些教师把学生带到办公室谈话时，常常是怒目相向、横加训斥，这样的态度不仅“熄灭”了学生心中已有的悔意，而且容易导致学生对教师的敌视态度。在这种情况下，批评和惩罚虽然能约束他们，却难以对其产生真正的教育效果。在这一案例中，我借用外力——远在家乡的妈妈、日夜操劳的爸爸、同学们的来信等方式，避开直接的批评，保护了小陈的自尊心，从而使他在感受到被尊重的前提下，接受批评，反思自己的错误。

2. 错变责，强化学生的自我约束力

小学生犯错，往往易犯难改，仅凭一次教育常常难以从根本上避免他们再次犯错。本案例中的小陈就是这样一个孩子：由于之前父母的放任，他做事毛躁，一旦出错，听惯了表扬的他总是想办法加以掩饰。对于学生的这种状况，仅通过外力教育、体验教育等方式加以引导是不够的，教师还要有长远打算。而“印章签发员”这一职责让小陈在履行义务的同时不断通过对其他同学的表扬与批评强化自我教育，使自己逐渐拥有承认错误的勇气，学会正确面对错误。

3. 把好度，让改正错误成为前进的动力

一些教师在教育犯错误的学生时，往往采取“算总账”的方式，把他以前所犯的错误都列出来，乱扣“帽子”。这种“穷追猛打”式的教育会使学生认为教师是一直把他当作坏学生来看待的，导致他们对教师产生敌对的情绪。学生心理上的敌对情绪一旦形成，教师再想取得好的教育效果就十分困难了。教师正确的处理方式应该是就事论事，明辨是非，把握好批评的度。倘若需要提起学生以前犯的错误，要尽量从正面的角度提起，举例说明其以前犯的哪些错误经过努力改得很好，从而使其认识到不管犯什么错误，可怕的不在错误本身，而在犯错后的认识，只要认识到错误并坚定地改正，这些错误不但不会影响他在老师心目中的形象，而且会成为他前进道路上的动力。

4. 敞心扉，在认错过程中获得积极体验

对于学生来说，犯错是很好的学习机会，是教师实施教育的契机。如果教师总是一味通过压制达到让学生认错的目的，往往不能让他们从根本上认识错误。因此，作为教师，我们应该抓住机会，以解决问题为目标，带着足够的耐心，引导学生通过预设的教育活动得到积极的心理体验，从而激发学生重塑自我的内在动力。

感悟与反思

一个学生犯了错，是单纯处理还是抓住契机进行教育？学生犯的各种错误常常是类别化的。因此，抓住契机，引导学生参与到体验活动中来，让他们共同分析一个事件，围绕事件发表观点，就可以拓展教育的范围，扩大学生的受教育面。案例中，我引导全班学生在事情发生后，围绕一个主题进行讨论，并让他们运用自己认为最得体的语言写一封信给犯了错误的小陈。这样，学生的角色就实现了由受教育者到教育者的转变。他们的责任感油然而生，对事件本身的认识也随之加深。可见，在教育过程中，大事小情皆资源。若止于平息风波，风波将仅仅是工作中的一个麻烦；若能从麻烦中挖掘契机，教师定会宽容起来，理智起来，幸福起来。

江苏凤凰教育出版社
《行知工程》系列丛书目录

系列	序号	书　　名	作者	定价
教育求索系列	1	《做有智慧的班主任——班主任讲述自己的反思与智慧》	李　楠　李志远	35.00
	2	《成语育人——成语文化课程的开发与实践》	张红梅	35.00
	3	《做有思想的教师》	张玉彬	45.00
	4	《区域规范性教研共同体建设及其实践》	陈宗成	40.00
	5	《让诗意润泽心灵——德育校本课程的开发与实施》	陈亚兰	40.00
	6	《联想形象识字教学——让学生感悟汉字神韵》	侯忠彦	50.00
	7	《思维导图教学法：一位历史老师的教学探索》	罗培生	35.00
	8	《让经典滋养人生——名著导读教学策略（中学）》	郑建忠	35.00
	9	《关注每一位儿童的发展——语文小班化教学的探索和实践》	何慧玲	40.00
	10	《让生命诗意地栖居——诗意教育的理念建构与实践探索》	钱丽美	40.00
	11	《怎样上好语文课——时鹏寿解析精彩课例》	时鹏寿	45.00
	12	《让书香浸润生命——时鹏寿伴你品读经典》	时鹏寿	35.00
	13	《开在手心里的花——一位优秀教师的教育情怀》	詹雪莲	40.00
	14	《学科建设与教师发展——中学数学》	杨志文	30.00
	15	《欣说教育那“一亩三分地” ——一位一线教师的教育微思考》	王庆欣	30.00
	16	《爱的守望——一位一线教师对教育的坚守》	林卫红	30.00
	17	《思政教学的人文力量》	戴晓华	30.00
	18	《师道新说——给教育者的30条箴言》	徐　卫	30.00
	19	《快乐数学——初中数学教学方式探索》	孙国芹	36.00
教育思想者系列	20	《治校之道——中学名校长的办学智慧(2)》	陶继新	35.00
	21	《名校之道——陶继新对话名校长（1）》	陶继新	30.00
	22	《名校之道——陶继新对话名校长（2）》	陶继新	35.00
	23	《名校之道——陶继新对话名校长（3）》	陶继新	42.00
	24	《名校之道——陶继新对话名校长（4）》	陶继新	40.00
	25	《名校之道——陶继新对话名校长（5）》	陶继新	42.00
	26	《父母要成为子女的精神导师——五个孩子走向卓越的奥秘》	陶继新	43.00
	27	《治校之道——小学名校长的办学智慧(1)》	陶继新	35.00
	28	《治校之道——中学名校长的办学智慧(1)》	陶继新	40.00

系列	序号	书　　名	作者	定价
教育思想者系列	29	《品鉴教育文化盛宴——陶继新序跋屯集》	陶继新	45.00
	30	《为什么而出发——一位研究者对教育本质的沉思》	齐　健	35.00
	31	《高效教学的道与术——陶继新教育讲演录》	陶继新	30.00
	32	《铸造一流教育品质——陶继新区域教育巡礼》	陶继新	35.00
	33	《教育，一切从孩子出发》	黄　俭	30.00
精彩课堂系列	34	《主题整合阅读教学（小学语文）》	成孟武	35.00
	35	《基于核心素养的数学教学》	赵红婷	35.00
	36	《中学生核心写作能力培养》	陶　波	36.00
	37	《给孩子更好的数学课堂》	易增加	30.00
	38	《小学生阅读素养的提升策略》	邵巧治	35.00
	39	《从语文素养走向生命成长 ——小学语文读写课堂教学密码》	曾海玲	30.00
	40	《真实的品德课》	朱淑秀	30.00
	41	《英语课堂学习共同体——新型的师生交互学习场》	杨延从	30.00
	42	《指导自主学习——初中数学学与教的研究与实践》	刘其武	30.00
	43	《玩出精彩的课堂 ——小学低年级教与学方式转变研究》	陶红松	30.00
	44	《让生命之花自主绽放——语文个性化教学建构策略》	商德远	30.00
	45	《让学生亲历知识——主体参与下体验式学习的实施策略》	何世祥	30.00
教育探索者系列	46	《教育，静待花开——陪伴孩子一起成长》	武际金　王玉英	40.00
	47	《悦读立人——校园阅读文化体系构建策略》	杨世臣	30.00
	48	《教育智慧何处来——一位特级教师的思考手记》	付立金	30.00
	49	《和雅文化——校本课程的创新构建》	汤善香	30.00
	50	《让个性绽放精彩——学校课程体系整合与创生》	谢建伟　徐淑萍	30.00
	51	《让每个学生都幸福——最能润泽生命的学校文化建设》	谢建伟　张新喜	30.00
创新教学探索系列	52	《让阅读滋养学生语文素养——语文阅读教学策略与实施》	李洪芹	38.00
	53	《学校体育密码》	连仁都	36.00
	54	《我家住在〈诗经〉里》	李日芳	40.00
	55	《〈红楼梦〉里的语文课》	李日芳	30.00
	56	《品世界名画，学精彩作文 ——特级教师的“名画”作文教学法》	李日芳	36.00
	57	《学生数学整体思维培养 ——小学数学结构化教学的探索与实施》	颜春红	45.00

系列	序号	书　　名	作者	定价
创新教学探索系列	58	《基于核心素养的体育与健康校本课程建设》	赵卫新	35.00
	59	《把古文教活——激活文言文课堂的教学策略》	刘小华	35.00
	60	《做童年面前最合适的人——我和孩子们的“童化语文”》	曹丽秋	30.00
	61	《玩出精彩作文——张化万活动作文教学经典策略》	张化万	35.00
	62	《让学生把母语用精彩——“语用课堂”的探索与实践》	佘小红	30.00
	63	《“备”出课堂精彩——备学式教学的课堂实践与思考》	张旭兰	30.00
	64	《神奇的阅读教室——带学生踏上美妙的阅读之旅》	李祖文	30.00
	65	《打造有生命力的课堂 ——“两步八环节”教学模式探索与实践》	查联智	30.00
	66	《最能培养学生探究能力的课堂 ——小学科学与信息技术单元整体课程实施与评价》	李怀源	30.00
	67	《最能激发学生运动天赋的课堂 ——小学体育单元整体课程实施与评价》	李怀源	30.00
	68	《最能提升学生艺术素养的课堂 ——小学艺术单元整体课程实施与评价》	李怀源	30.00
	69	《“生命语文”探索——焕发语文生命力的思考与实践》	王自成	30.00
	70	《粘连作文教学：让习作成为有个性的自我建构》	黄瑞夷	30.00
	71	《备学式教学——在体验中建构数学思维》	单广红　范雪梅	30.00
	72	《向着自主进发——自主教育的创新实施智慧》	朱亚红	30.00
	73	《写中学——让学习更有效的学科写作教学》	钟传祎	30.00
	74	《小学科学实验总动员——大科学课堂有效提升学生创新力》	江美华	30.00
	75	《小学语文单元整体课程实施与评价》	李怀源	30.00
	76	《小学英语单元整体课程实施与评价》	李怀源	30.00
	77	《小学数学单元整体课程实施与评价》	李怀源	30.00
	78	《让教学更能激发智慧——“思维碰撞”课堂的建构与实施》	程和方	30.00
	79	《构建语文综合课新模式——家庭、社区、学校协同教学》	黄瑞夷	40.00
	80	《自主创新让教学成为有效引领》	蔡　隽	30.00
新父母教程	81	《一年级的孩子》	陈文芳	28.00
	82	《二年级的孩子 》	陈文芳	28.00
	83	《三年级的孩子》	钱静霞	28.00
	84	《四年级的孩子》	谢　云	28.00
	85	《五年级的孩子 》	陈　春	28.00
	86	《六年级的孩子》	袁卫星	28.00

系列	序号	书　　名	作者	定价
新父母教程	87	《七年级的孩子》	焦晓骏	28.00
	88	《八年级的孩子》	钟　杰	28.00
	89	《九年级的孩子》	凌宗伟	28.00
国际教育系列	90	《美国教育面面观——一位特级教师眼中的美国教育》	邵淑红	35.00
教师软实力系列	91	《教师人际沟通力》	黄爱华　夏丽娟	38.00
	92	《班主任教导力》	黄爱华　戴诗银	38.00
	93	《教师执业道德力》	黄爱华　夏丽娟	38.00
名校系列	94	《从校本课程走向学校课程——锡山高中课程探索之路》	唐江澎等	35.00
	95	《让每个孩子都成志——清华附小主题阅读课程的实施探索》	窦桂梅	30.00
	96	《让每个孩子都成志——清华附小主题实践课程的实施探索》	窦桂梅	35.00
	97	《向着朝阳走去——清华附小合作办学实践探索》	窦桂梅	30.00
名师成长系列	98	《情怀·智慧·境界——教育名家演讲录（1）》	钟惠河　李福琬	30.00
校长领导力系列	99	《学校细节管理的执行力》	林文明　王林发	30.00
	100	《校长智慧统筹的领导力》	谢耀丰　蔡丽姗 王林发	30.00
	101	《学校持续发展的研究力》	林文智　宋佳敏 王林发	30.00
	102	《学校和谐融洽的协作力》	陈一平　郭雪莹 王林发	30.00
	103	《学校教育提升的引领力》	谢文东　关敏华 王林发	30.00
	104	《学校团队成长的学习力》	黄纪　蔡美静 王林发	30.00
	105	《学校高效管理的创新力》	张旭	30.00
	106	《学校成功管理的决策力》	邱黎明	30.00
	107	《高品质学校生长要素》	王益民	30.00
	108	《校长高效教学领导力提升策略》	徐世贵　郭文奇	30.00
新思维系列	109	《让后进生学习有后劲之 36 计》	严育洪	30.00
	110	《教育中的“不一定”——打破教育的 19 种思维惯式》	严育洪	30.00

系列	序号	书　　名	作者	定价
教师修炼系列	111	《如何炼就课堂好声音——教师美嗓保健实用宝典》	薛建洲	30.00
	112	《与学生一起成长——90后教师的心路反思》	王　晗	30.00
	113	《教育，爱与宽容——教师心灵礼仪修炼》	许力争	30.00
教育家核心思想系列	114	《叶圣陶论写作》	叶圣陶 著 李怀源 选编	30.00
	115	《叶圣陶谈阅读》	叶圣陶 著 李怀源 选编	30.00
	116	《多元智能理论的本土化应用》	刘治富	30.00
	117	《大教育家最具施教力的教学思想》	白刚勋	30.00
学生心理解码系列	118	《在人生的春天播种 ——十四岁，写给青春的一封信》	白宏宽	30.00
	119	《孩子问题行为一点通 ——只有好老师才知道的学生心理谜底》	严育洪	30.00
校本研修系列	120	《徜徉语文教研》	肖俊宇	35.00
	121	《校本研修资源的开发与利用》	陈朝林	30.00
	122	《校本研修与教师专业成长》	吴积军	30.00
	123	《卓越教师经典研修成长策略》	刘天宝等	30.00
	124	《特色校本课程开发范例解读》	刘永平　李秀伟 张雪梅	30.00
	125	《高效校本研修模型构建艺术》	刘素雁	30.00
	126	《走向实践的教研——中小学教育科研引领与应用》	江　敏	30.00
教育管理力系列	127	《缔造唯美教育——延奎小学素质教育实施策略》	易增加	30.00
	128	《让普通学校崛起的20个细节 ——“生命为本”教育团队成长密码》	李其玉	30.00
	129	《“走”出教育的精彩：走动式学校管理文化构建》	罗　军	30.00
	130	《校长兵法：学校管理四十六计》	皮大鹏	30.00
班级文化系列	131	《活力班级的文化建设》	胡　珏	30.00
	132	《做幸福的班主任》	吕　丽	26.00
高效能教学系列	133	《高效能教师的10个好习惯（中学卷）》	张　瑾	30.00
	134	《让作文落地生根——提高写作实效的教学策略》	黄桂林	30.00
	135	《高效能作文教学5项修炼》	陈步华	30.00

系列	序号	书名	作者	定价
高效能教学系列	136	《高效能校长的10个好习惯》	张　勤	30.00
	137	《高效能教师的10个好习惯（小学卷）》	谢　英	30.00
	138	《高效能语文教学5项修炼》	王其华	30.00
新课程探索系列	139	《语文新课程的批判与重建》	蔼桂斌	30.00
美国名师教学译丛	140	《美国名师游戏教学本土化应用：幼儿园》	（美）玛西娅 L. 泰特 著 胡珍　瞿菁　编译	30.00
	141	《美国名师游戏教学本土化应用：小学英语》	（美）玛西娅 L. 泰特 著 杨永华　张心影　编译	30.00
	142	《美国名师游戏教学本土化应用：小学数学》	（美）玛西娅 L. 泰特 著 谢艳红　编译	30.00
	143	《美国名师游戏教学本土化应用：小学科学》	（美）玛西娅 L. 泰特 著 刘丽萍　编译	30.00
	144	《美国名师游戏教学本土化应用：小学社会》	（美）玛西娅 L. 泰特 著 姜梅芳　编译	30.00
	145	《美国名师游戏教学本土化应用：小学音体美》	（美）玛西娅 L. 泰特 著 尹立志　编译	30.00
生态化校园系列	146	《文化管理——构建生态和谐校园的必由之路》	付全新	30.00
	147	《点燃学习的激情——构建校园生态化学习型组织》	杨树岳	30.00
	148	《课改突围——构建学校生态化教学体系》	杨树岳	30.00
教育新思考系列	149	《语文教育向何处去》	王　丛	26.00
	150	《教育，就是做好普通的事》	孙志毅	27.00
	151	《走出语文的偏见——让学生体悟文本的原义》	丛智芳	30.00
	152	《让语文教学更高效——批注式阅读教学探索》	韩中凌	30.00
	153	《读写互促——探寻学以致用的语文教学》	曹　龙	30.00
	154	《跳出数学教数学——用文化融通数学教学》	马建秀	27.00
名师感悟系列	155	《让心灵伴着歌声成长——22位音乐名师的教育智慧》	陈　璞	30.00
	156	《超越自我的教师——32位名师的成长感悟》	李卫东　李秀伟	35.00
	157	《心灵的守护者——19位名班主任的教育智慧》	王晓松　曲文弘	30.00
	158	《名师感悟班主任有效工作艺术90例》	符礼科	30.00
	159	《名师感悟有效教学90例》	林高明　徐玉烟	30.00

系列	序号	书　　名	作者	定价
信息化教学系列	160	《巧用白板教语文——信息技术与语文教学操作指南》	蒋丽清	30.00
	161	《跨越式实现高效课堂——信息技术与课程整合高效教学方案评析》	陈　玲　刘　禹	30.00
教师必读系列	162	《教师必学的16堂修养课》	武宏伟	30.00
	163	《教师不可不知的教学心理效应》	叶勇军	30.00
	164	《班主任不可不知的管理效应》	奚一琴	30.00
	165	《教师不可不知的教育心理效应》	孙　媛	30.00
	166	《校长不可不知的管理效应》	谢申刚　张金豹	30.00
	167	《成为好教师的7项修炼》	王福强　李维华	30.00
	168	《如何让学生会学习》	龙　冰	30.00
	169	《如何让学生爱学习》	周震宇　许小燕	30.00
核心教学主张系列	170	《新生代语文名师核心教学主张》	许友兰	30.00
行思讲坛系列	171	《灵动而朴素地教语文——潘文彬的微格教育生活》	潘文彬	30.00
	172	《师爱无疆——润泽学生心灵的教育故事》	侯忠彦	30.00
	173	《怎样反思更有效——促进教师专业发展的反思策略》	诸贝贝	30.00
	174	《成为高度自觉的教育者——写给后课标时代的数学教师》	许卫兵	30.00
	175	《哲思数学课》	刘全祥	30.00
	176	《智慧数学课——黄爱华教学思维的实践策略》	黄爱华	30.00
	177	《童趣数学课》	徐　芳	30.00
	178	《把学生教聪明》	严育洪	30.00
	179	《教师最应该规避的教育误区》	杨坤道	30.00
	180	《用语文的方式教语文——潘文彬教学主张与实践智慧》	潘文彬	30.00
	181	《怎样让阅读教学更有效——提升教学能力的十种读诵模式》	汪秀梅	28.00

系列	序号	书　　名	作者	定价
行思讲坛系列	182	《让生命在润泽中起舞 ——当代小学生最需要的主题班会》	吴联星　罗　琳 冯卫东	30.00
	183	《让生命欢快拔节 ——当代中学生最需要的主题班会》	冯卫东　吴联星	30.00
	184	《课堂因生成而精彩——高效教学的生成智慧》	张文质	30.00
	185	《回到每一个人的生命化教育 ——张文质二甲中学教育行动录》	张文质	30.00
	186	《中小学生如何学会合作》	张玉彬　刘昕昱	40.00
中国教育变革之路丛书	187	《百年树人师何为 ——教师队伍建设困顿与出路》	将丽珠　李玉向	30.00
	188	《入园何时不再难 ——学前教育困惑与抉择》	曾晓东 范　昕　周　慧	30.00
	189	《三尺书桌何处寻 ——流动人口子女教育困难与破解》	范先佐	30.00
	190	《苦旅何以得纾解 ——高考改革困境与突破》	郑若玲	30.00
	191	《择校纠结何时了 ——择校问题困局与治理》	曾晓东　周文海 曾娅琴	30.00
创新教学思想系列	192	《“大问题”教学的形与神》	黄爱华　张文质	30.00
教育漫笔系列	193	《课堂，诗意地栖居》	吴书华	30.00
教学提升系列	194	《有思想地教阅读 ——让学生学会品读文字真意》	王学东	30.00
教育艺术提升系列	195	《藏在师生体态语言里的教学智慧》	张　宇　廖生波	30.00

系列	序号	书　　名	作者	定价
教学全手册系列	196	《小学习作教学全手册》	郭家海	30.00
	197	《中学写作教学全手册》	郭家海	30.00
	198	《情境教学操作全手册》	冯卫东	35.00
	199	《合作教学操作全手册》	李春华	35.00
	200	《探究教学操作全手册》	周新桂	35.00
	201	《自主教学操作全手册》	诸葛彪	35.00
	202	《创新教学操作全手册》	王　玮	35.00
	203	《班主任工作全手册》	刘沛华	35.00
	204	《新教师工作全手册》	周震宇	35.00
	205	《学生心理健康教育全手册》	刘海莉　刘春杰	35.00
	206	《高效教学操作全手册》	马友平	35.00
创新人才培养系列	207	《创新人才培养校园科普精品课程开发与指导 ——人大附中创新人才培养》	罗　滨	30.00
	208	《创新人才培养特色校本课程开发与创新人才培养 ——清华附中“国际安全下的科学技术”课程构建与实施》	王殿军　方　研 赵宏雁	30.00
	209	《创新人才培养：学校实验室建设与管理》	刘克文 杨发丽　杨　平	30.00
	210	《创新人才培养：数学探究活动开发与指导》	马云朋　韩继伟	30.00
	211	《创新人才培养：化学研究活动开发与指导》	王　磊	30.00
	212	《创新人才培养：物理探究活动开发与指导》	廖伯琴	30.00
	213	《创新人才培养：地理探究活动开发与指导》	张建珍　陈　澄	30.00
	214	《创新人才培养：生物探究活动开发与指导》	张迎春	30.00
	215	《创新人才培养：理念探索与思维突破》	王晶莹	30.00
新生代通派名师系列	216	《简约数学教学》	许卫兵	30.00
	217	《语文教学的本真——情意课堂展现母语之美》	吴建英	30.00
	218	《语文课堂的理想追求——欢快达成三维目标》	董一红	30.00
	219	《阅读教学的真髓——意象构建读出文学的真美》	祝　禧	30.00
	220	《美术教育的真谛——审美人生教育让生命绚丽成长》	陈铁梅	30.00

系列	序号	书　名	作者	定价
代通派名师系列	221	《语文教学的理想境界——无痕教学润泽生命》	李　凤	30.00
	222	《儿童作文的本义——嬉乐作文让儿童乐并成长着》	王笑梅	30.00
	223	《名师是怎样炼成的》	王建明　王笑君	35.00
幼师成长系列	224	《幼儿行为背后——教师如何读懂幼儿的心思》	吴亚英	30.00
	225	《最具教育力的22种幼儿教育思想》	杨　达	30.00
	226	《幼儿教师必知的安全应急措施》	杨　达	30.00
	227	《幼儿教师必备的教育技能》	李　玲	30.00
	228	《卓越园长21条幼儿园管理策略》	周　丹　江东秋	30.00